研 究 解 决 问 题 中 的 问 题

聊 城 发 展 研 究 院
Institute of Liaocheng Development

聊城经济发展研究报告
（2022-2023）

主　编／王志刚　　杨宏力

副主编／梁树广　　宁朝山

经济管理出版社
ECONOMY & MANAGEMENT PUBLISHING HOUSE

图书在版编目（CIP）数据

聊城经济发展研究报告. 2022—2023 / 王志刚，杨宏力主编；梁树广，宁朝山副主编. —北京：经济管理出版社，2023.6

ISBN 978-7-5096-9071-0

Ⅰ. ①聊…　Ⅱ. ①王…　②杨…　③梁…　④宁…　Ⅲ. ①区域经济发展—研究报告—聊城—2022-2023　Ⅳ. ①F127.523

中国国家版本馆 CIP 数据核字（2023）第 105624 号

组稿编辑：张　昕
责任编辑：张　昕
责任印制：黄章平
责任校对：张晓燕

出版发行：经济管理出版社
　　　　　（北京市海淀区北蜂窝 8 号中雅大厦 A 座 11 层　100038）
网　　址：www.E-mp.com.cn
电　　话：(010) 51915602
印　　刷：唐山昊达印刷有限公司
经　　销：新华书店
开　　本：720mm×1000mm /16
印　　张：13.5
字　　数：244 千字
版　　次：2023 年 6 月第 1 版　　2023 年 6 月第 1 次印刷
书　　号：ISBN 978-7-5096-9071-0
定　　价：128.00 元

编撰指导委员会

序　言

　　《聊城经济发展研究报告（2022—2023）》是聊城发展研究院、聊城质量发展研究中心对当前经济形势进行研判，以及近两年来相关研究成果的积累，是聊城大学聊城发展研究院组织编纂的第六本区域发展蓝皮书，本蓝皮书以数字化为研究主题，探讨聊城经济高质量发展路径。

　　聊城大学聊城发展研究院（以下简称"研究院"）成立于2011年1月12日，是聊城市委、市政府、聊城大学联合成立的产学研智库，其宗旨是服务地方经济发展、推动聊城大学学科建设、促进产学研结合新机制的建立，借助聊城大学的智力平台，整合无边界的智力资源，为区域经济社会发展献力献策。研究院的指导精神是：坚持"务实创新、执着追求、解决问题、团结和谐"。工作宗旨是：面向需求，实现结合，勇于创新，服务发展。核心理念是：研究解决问题中的问题。研究路径是：实现理论与实践的结合，实现深进去、跳出来的结合，实现专家、行家和实干家的结合。只有深入研究问题，才能认识事物的本质，只有多方结合碰撞，才能切实解决问题。研究院自成立以来，主要围绕服务政府决策咨询、区域经济发展、企业管理研究、人力资源培训四个方面开展了一系列工作。在研究过程中，研究院从全省经济发展的角度对聊城市经济发展有了一个系统的认识，成为聊城经济发展研究的基础性工作。

　　聊城质量发展研究中心（以下简称"中心"）成立于2016年1月16日，是中国检验检疫学会的学术研究机构，由中国检验检疫学会和聊城市委、市政府、山东省质量技术监督局、山东出入境检验检疫局依托聊城大学共同建设，主要提供宏观质量分析、质量政策建议、产业质量发展分析、质量培训等质量发展领域的相关服务，助推企业转型升级和区域经济发展。该中心成立后，按照学校要求，与聊城发展研究院采取"两块牌子、一个机构，两位一体"的运行模式。

党的二十大报告提出了"加快发展数字经济，促进数字经济和实体经济深度融合"的任务。近年来，互联网、大数据、云计算、人工智能、区块链等技术加速创新，逐渐融入经济社会发展各领域。数字经济发展速度之快、辐射范围之广、影响程度之深前所未有，赋予了经济社会发展的"新领域、新赛道"和"新动能、新优势"。当前经济已进入由传统经济向数字经济转型、由传统旧动能向现代新动能转型的"双转型"时期。聊城市产业基础雄厚，为产数融合发展提供了丰厚的沃土，并且取得了一定的成效。为此，我们以聊城发展研究院和聊城质量研究中心的研究人员为基础，整合无边界资源，围绕聊城市经济领域数字化转型的现状、经验、路径和对策，编写了《聊城经济发展研究报告（2022—2023）》经济蓝皮书。

为编写本书，聊城发展研究院和聊城质量研究中心成立了咨询委员会和编委会，编写工作得到聊城市委、市政府和聊城大学校领导的大力支持，并先后多次组织召开编写工作会议，邀请市委、市政府、市工业和信息化委员会、市统计局领导和有关县市领导来研究院（中心）座谈，帮助解决编写过程中遇到的学术和资料信息等问题。在咨询委员会和编委会的指导下，主编、副主编和撰稿人反复研究，邀请政府人员、行家、专家确定本书写作的指导原则、基本框架及突出重点；初稿完成后，又召集相关领域的专家、行家召开会议进行集中统稿，会后专家们分工审稿，并分别提出具体的修改意见，这些修改意见对书稿质量的提高起到了关键作用。同时，本书也是山东省产业升级与经济协同发展软科学基地与聊城发展研究院的项目成果。

全书分为四篇：宏观经济形势篇、数字经济理论篇、数字经济实践篇和专题研究篇。其中，宏观经济形势篇回顾和总结了2022年中国、山东省、聊城市的宏观经济发展形势，并对2023年的经济发展形势进行了展望；数字经济理论篇主要基于一般理论分析了当前数字技术、数据要素及数字经济发展的相关理论；数字经济实践篇主要分析了聊城市数字经济总体发展水平、数字经济与聊城市产业深度融合、聊城市产业链数字化，以及数字时代下的企业创新等相关问题；专题研究篇对研究院（中心）近两年的研究成果进行了系统总结，在研究成果的基础上做了进一步阐述，体现了研究院（中心）研究工作"以问题为导向，以整合无边界智力资源为路径，以服务于区域经济发展、发挥智库职能为宗旨"的特点。

在本书的撰写过程中，我们按照无边界整合智力资源的要求，邀请专业人士为蓝皮书撰稿。关于宏观经济形势篇的内容，我们邀请到国务院发展研究中心原副主任侯云春指导聊城发展研究院宏观经济课题组撰写报告，同时邀请了山东省宏观经济研究院撰写山东省经济形势与展望的相关报告。关于数字经济理论篇的内容，我们邀请了中国信息通信研究院、腾讯研究院的相关专家撰写报告。关于数字经济实践篇的内容，我们邀请了聊城大学相关负责人作为执笔人，展示其研究成果，并借此分析聊城市经济发展情况。

国家层面和省级层面的经济发展蓝皮书的出版、发行已经非常成熟。中国社会科学院及其他研究机构每年从不同角度对经济运行及热点问题进行分析总结，并提出对策建议。地级市层面的蓝皮书还不太常见，地级市的经济范围较小，研究内容较为具体，提出的对策建议针对性较强，因此第三方研究机构面临较大的研究难度。聊城发展研究院和聊城质量发展研究中心作为服务区域经济的产学研结合平台，有责任对聊城经济发展进行分析和研究，并尝试探索聊城经济发展的规律和特点，预测经济发展趋势，提出合理化建议。这是研究院编写聊城经济蓝皮书的初衷和目的。当然，本书的相关研究尚存在一些不足，请读者多提宝贵意见，以便今后不断完善提升。

《聊城经济发展研究报告（2022—2023）》编写委员会

2023 年 2 月

目　录

第一篇　宏观经济形势篇

第二篇　数字经济理论篇

第三篇　数字经济实践篇

第四篇　专题研究篇

第一篇 宏观经济形势篇

第一章 2022 年中国经济发展形势分析及 2023 年展望

一 2022 年世界经济形势概况

2022 年，新冠疫情仍在持续，俄罗斯和乌克兰爆发冲突，能源、食品和大宗商品价格上涨，通货膨胀率上升，主要央行收紧货币政策，全球经济增长动力大幅减弱。国际货币基金组织（International Monetary Fund，IMF）10月发布的《世界经济展望报告》显示，2022 年全球经济增速将保持不变，保持在 3.2% 的水平，但 2023 年将下降至 2.7%，比 7 月份的预测值低 0.2 个百分点，并且有 25% 的可能性会下降到 2% 以下。全球 1/3 以上的经济体将在2022 年或 2023 年收缩，美国、欧盟和日本这三大经济体将出现增长困境，其中受俄罗斯能源供应中断最直接打击的欧盟经济发展的阻力最大。全球经济的普遍放缓，以及俄乌冲突引发的粮食和化肥价格的急剧上涨，将对发展中国家造成严重的打击，加剧粮食不安全和极端贫困问题。发达国家的货币紧缩将增加借贷成本，削弱债务的可持续性，并进一步限制支持发展中国家经济全面复苏的财政空间。尽管全球流动性总方向偏于收紧，但中国货币和财政政策仍偏宽松，在复杂的经济环境中成为全球经济的压舱石。

（一）主要经济体增速放缓，高通胀与货币紧缩并存

2022年，全球经济仍在疫情笼罩之中，世界正处于动荡时期，经济、政治和生态变化都会影响全球发展前景。通货膨胀已飙升至数十年来的最高水平，促使货币政策迅速紧缩并压缩家庭消费预算。乌克兰危机破坏了脆弱的复苏，在欧洲引发了人道主义危机，增加了地缘政治破坏的可能性，推高了食品和大宗商品的价格，并加剧了全球的通胀压力。美国、欧盟、日本等主要经济体的能源和食品价格上涨、通胀压力上升、经济增长放缓，正在削弱全球的经济增长动能。美国的货币紧缩政策将大幅增加各国的借贷成本。许多低收入国家正面临严重的财政困难，越来越多的发展中国家由于严重的债务困境，面临着经济增长停滞和债务危机风险。尽管新冠疫情的影响在大多数国家有所缓和，但疫情反复，仍在影响经济活动。此外，较低的疫苗接种率也使发展中国家更容易受到新一波的新冠疫情感染浪潮的影响。

1. 通胀压力巨大，多国出现加息潮

世界经济正面临着巨大的通胀压力。全球通货膨胀率是2010—2021年平均水平的两倍。美国的整体通胀率已经达到了40年来的最高水平。在发展中地区，西亚、拉丁美洲和加勒比地区的通货膨胀率正在上升。不断飙升的食品和能源价格正在对经济的其他部分产生连锁反应，这体现在许多经济体核心通胀率的显著上升方面。2022年上半年，高通胀问题愈演愈烈，全球70多个经济体的通胀率超过5%。新华社报道，美国联邦储备委员会2022年12月14日宣布，将联邦基金利率目标区间上调50个基点到4.25%~4.5%的水平，这是美联储当年连续第七次加息，创下自1981年以来加息密集度最高纪录。IMF预计全球通货膨胀率将从2021年的4.7%上升到2022年的8.8%，但到2023年将下降到6.5%，到2024年将下降至4.1%。通货膨胀的上升趋势在发达经济体中更为普遍，但对新兴市场和发展中经济体的影响更大。

2. 劳动力市场紧张，工资—价格螺旋上升

紧张的劳动力市场状况，失业率达到或接近创纪录的低点，工人严重短缺，加剧了发达国家的通胀压力。普遍存在的工人短缺促进了工资增长，劳

动力市场日益紧张和快速上升的成本将挤压家庭预算，拖累消费，同时也会促使企业削减或推迟投资。例如，在英国和美国，通胀预期正在上升，但名义工资增长已开始赶上整体价格上涨，增加了工资—价格螺旋上升的风险。在发展中国家，国际收支平衡的挑战和汇率的下行压力加剧了通胀压力。快于预期的全球货币紧缩政策可能引发资本外流，进一步降低汇率，并通过进口渠道增加通胀压力。当前的通胀周期明显比 2007 年和 2008 年的全球通胀飙升得更明显和持久，而且通胀压力不太可能在短期内显著消退。

（二）全球贸易增长明显减缓，能源与粮食危机加剧

1. 俄罗斯和乌克兰冲突扰乱了大宗商品交易市场

2022 年，全球贸易增长明显放缓。IMF 指出，全球贸易增速将从 2021 的 10.1%下降到 2022 年的 4.3%，2023 年进一步下滑至 2.5%。俄乌冲突直接扰乱了原油、天然气、谷物、化肥和金属的出口，推高了能源、食品和大宗商品的价格。自 2021 年以来，欧洲的天然气价格上涨了 4 倍多，俄罗斯将天然气交付量削减到 2021 年 20%以下的水平，这增加了下一个冬季及以后能源短缺的可能性。[①] 俄罗斯和乌克兰是重要的农产品供应商，占全球小麦出口的 25%，占玉米出口的 16%，占葵花籽油出口的 56%。[②] 黑海粮食协议推高了世界市场的食品价格，给全世界的低收入家庭，特别是低收入国家的家庭带来了严重困难。

2. 粮食安全状况恶化

粮食安全状况不断恶化，尤其是非洲，情况更加恶劣。联合国粮食及农业组织（FAO）的食品价格指数在 2022 年 3 月和 4 月分别达到了 159.7 和 158.5 的水平，超过了 2011 年 131.9 的高点。欧洲、中亚的强烈热浪和干旱让人们清楚地意识到需要采取大量行动来实施气候政策，以应对灾难性的气候变化。俄乌冲突及其对能源和大宗商品价格的影响也可能影响气候变化。一方面，高昂的石油和天然气价格可能会刺激更多的化石燃料开采，或更多地使用煤炭。镍价高可能会对电动汽车的生产造成不利影响，而不断上涨的食品价格可能会阻碍生物燃料的生产。另一方面，这些高价格也会促使各国

---

①②　联合国：《2022 年中世界经济形势与展望报告》（*World Economic Situation Prospects as of mid-2022*）。

通过加速采用可再生能源和提高系统效率来解决其能源和粮食安全问题，使其发展符合总体可持续发展目标，加强应对气候变化的斗争能力。

（三）金融市场出现压力迹象，发展中国家融资前景不断恶化

1. 金融市场承压，美元价格或将进一步走高

不断增加的价格压力仍然是当前和未来经济发展的最直接威胁，因为它挤压了实际收入，破坏了宏观经济稳定。世界各国的中央银行都在全神贯注于恢复价格稳定，紧缩政策的步伐也急剧加快，存在着过度紧缩的风险。过度紧缩有可能使全球经济陷入不必要的严重衰退。误判通胀的持续性可能会严重损害各国中央银行来之不易的信誉，从而对未来的宏观经济稳定造成更大的损害。随着经济开始放缓，金融脆弱性浮现，宽松货币政策的呼声将不可避免地越来越大。对于许多新兴市场来说，美元地位的强势带来了严峻的挑战，增加了进口商品的成本。美元汇率目前处于 2000 年以来的最高水平。随着全球经济走向风暴，金融动荡很可能会爆发，从而促使投资者寻求美国国债等避险投资的保护，推动美元进一步走高。

2. 发展中国家融资缺口大，融资前景恶化

俄乌冲突和全球货币紧缩周期正在加剧发展中国家的融资缺口，特别是较贫穷的国家。在发达国家，未偿政府债务的平均利息成本已降至 1%，但发展中国家的平均利息成本已超过 3%。然而，能够获得优惠贷款的欠发达国家，越来越多地以更高的利率从国际资本市场借款。自 2022 年 3 月初以来，新兴市场主权债券的硬通货收益率大幅上升，超过 20% 的债券在二级市场上的息差超过 1000 个基点。① 货币紧缩和随之而来的美国国债利率的上调将进一步提升发展中国家主权债务的收益率，这将进一步提高再融资或展期成本。

二 2022 年世界主要经济体经济形势发展特征

（一）美国经济逐步放缓，劳动力市场强劲依旧

顽固的高通货膨胀率、美联储激进的货币紧缩，以及俄乌冲突的直接和

---

① 联合国：《2022 年中世界经济形势与展望报告》（*World Economic Situation Prospects as of mid-2022*）。

溢出效应将继续影响美国经济增长，而强势美元、货币紧缩的直接后果将进一步扩大贸易赤字，并抑制经济增长。美国联邦储备委员会 2020 年 3 月 3 日发布半年度《货币政策报告》，指出尽管自 2022 年年中以来，随着供应瓶颈问题的缓解以及能源价格的下跌，美国的通胀有所放缓，但目前的通胀率仍远高于美联储设定的 2% 的目标，报告强调坚定致力于将通货膨胀率降至 2% 的目标水平，并称持续加息将是合适之举。并且，若美国经济数据强于预期，美联储的加息幅度将可能超过此前预期。

美国劳动力市场依旧强劲，薪资增速保持坚挺。根据美国 9 月就业数据，新增非农就业人数 26.3 万，略超市场预期的 25.5 万；劳动参与率为 62.3%，失业率为 3.5%，低于市场预期；平均时薪同比增长 5.0%，略低于市场预期。9 月新增非农就业主要由专业和商业服务、教育和保健服务、休闲和酒店业等领域贡献，保持了今年以来的趋势，服务消费相关岗位需求持续增加。运输仓储、零售业和金融活动的新增就业数转负，说明部分部门可能已经开始提前应对经济放缓。

（二）欧洲地缘冲突加剧，经济发展动力被削弱

俄乌冲突将给欧洲经济带来沉重打击，加剧通货膨胀，影响疫情后的经济复苏。能源价格的大幅上涨给该地区造成了巨大的冲击。2020 年，欧盟的进口量占其总能源消费的 57.5%，其中来自俄罗斯的进口量占近 25%。俄罗斯停止输出石油和天然气，可能会使许多欧盟经济体陷入衰退。

欧盟的通货膨胀率急剧加速，许多国家达到了几十年来的高点。IMF 预计 2022 年发达经济体的通胀率为 5.7%。这些对经济增长的不利因素部分被经济的持续重新开放、被压抑的需求的释放，以及异常强劲的劳动力市场所抵消。2022 年 2 月，欧盟的失业率处于 6.2% 的水平。尽管经济增长前景面临严重的下行风险，欧洲中央银行预计仍将收紧货币政策以遏制通胀，但收紧力度不如美联储。

来自东欧和波罗的海地区的欧盟成员国，包括欧元区的成员国，其通货膨胀率远高于欧盟平均水平，原因是 GDP 能源强度上升，食品和能源在各自消费者物价指数中所占的比例更大，工资—价格持续地螺旋上升。为了遏制通胀压力，2022 年东欧国家的货币汇率明显收紧，这将进一步抑制它们的增长。

（三）日本经济负重前行，经济复苏压力大

日本内需低迷、复苏乏力导致日本政府希望推进的改革难以启动。面对欧美主要央行金融政策的转向，日本央行的操作空间是极其有限的，陷入了进退两难的局面。日本央行超宽松的货币政策已坚持多年，然而距离其追求的2%的通胀目标依旧遥远。因此，日本央行很难跟随欧美收紧金融货币政策。日本与欧美主要央行金融政策方向的不同会导致日元贬值，日元持续走弱将令日本整体经济实力受损，削弱日本从海外吸引人才的能力，还将阻碍经济增长，导致能源资源等进口商品价格高涨，这将使难以进行价格转嫁的企业收益进一步恶化，日本将由此陷入企业收益恶化、工资难以上涨、消费更加低迷的恶性通货膨胀循环。

（四）东盟经济强劲反弹，旅游与运输部门持续复苏

2022年，东盟经济一体化简要报告（AEIB）指出，在新冠疫苗覆盖率增加的背景下，东盟经济增长率在2022年和2023年将分别达4.9%和5.2%。东盟制造业强劲反弹，2022年上半年，虽然受到一定不利因素的影响，但东盟成员国制造业采购经理指数（PMI）均持续位于扩张区间。有效开展新冠疫苗接种计划可使东盟各国重新开放，加速经济活动和就业市场的复苏。截至2022年5月，东盟65.9%的人口已完成两剂新冠疫苗接种，25.2%的人口已接种加强针。疫苗接种计划有序推进，东盟各成员国于2022年下半年全面开放，进一步促进经济复苏与就业市场回稳。随着地区逐渐开放，旅游与运输部门持续复苏。各成员国游客抵达人数均有所增加，其中泰国、新加坡的增长幅度较大。疫情期间激增的失业率逐步下降。

（五）非洲地区经济持续低迷，极端贫困人口增加

由于新冠疫情不断蔓延、投资低迷和财政空间有限，非洲的经济发展持续低迷，2022年又受到了俄乌冲突的严重打击。大宗商品价格上涨，尤其是石油、天然气和金属价格上涨，虽然这有利于能源和矿产出口商，但该地区的能源进口商将面临更高的进口账单，这将破坏非洲地区原有的平衡。IMF预测，印度、东盟五国、巴西2023年的经济增速都将低于2022年。乌克兰和俄罗斯的生产中断导致食品价格升至历史最高水平，预计非洲地区2022年

平均消费价格通胀率将达到 12.3%，是所有发展中地区中通胀率第二高的地区。食品和化肥价格的迅速上涨及供应链的中断将增加非洲国家国内价格压力，进一步恶化本已严重的粮食不安全状况。此外，非洲国家国内粮食生产还受到洪水、干旱和其他极端天气事件的不利影响。联合国粮农组织、联合国儿童基金会和世界粮食计划署于 2022 年 12 月 8 日表示，2023 年西非和中非受饥饿影响的人数可能会达到 4800 万，将创历史新高。世界粮食计划署西非区域主任克里斯·尼科伊表示，2023 年的粮食和营养安全前景极其令人担忧。

三 中国经济发展的优势、挑战及 2022 年经济运行分析

（一）中国经济发展优势

1. 经济总量大、抗风险能力强

党的二十大报告指出，中国经济实力实现历史性跃升，国内生产总值从 2012 年的 54 万亿元增长到 2022 年的 114 万亿元，2022 年中国经济总量占世界经济的比重达 18.5%，提高了 7.2 个百分点，稳居世界第二位；人均国内生产总值从 39800 元增加到 81000 元。谷物总产量稳居世界首位，14 亿人口的粮食安全、能源安全得到有效保障。城镇化率提高了 11.6 个百分点，达到 64.7%。制造业规模、外汇储备稳居世界第一。

2. 基础设施完善、原始创新力度强

中国建成了世界最大的高速铁路网、高速公路网，机场、港口、水利、能源、信息等基础设施建设也取得了重大成就。在研发支出方面，全社会研发经费支出从 1 万亿元增加到 2.8 万亿元，居世界第二位，研发人员总量居世界首位。关键核心技术方面实现突破，战略性新兴产业发展壮大，载人航天、探月探火、深海深地探测、超级计算机、卫星导航、量子信息、核电技术、大飞机制造、生物医药等领域取得重大成果，我国进入创新型国家行列。

3. 国内大市场优势明显

国内市场大，对外部依赖性小。中国有超过 14 亿的人口，这个数字超过亚洲之外的任何一个大洲的人口总数，超过世界上所有发达国家的人口总和。超大规模的人口意味着巨大的市场，巨大的市场孕育着无穷的经济发展潜力，这是中国得天独厚的优势。中国正在建设全国统一大市场，不断地打破各地

间的贸易壁垒，使中国的统一大市场更加完善、规范、开放、有序。正因为拥有巨大的国内市场，中国才可以实施国内国外"双循环"的经济发展战略，在世界经济加剧动荡的情况下，依靠自身的统一大市场，推动中国经济持续健康发展。

4. 能源相关行业绿色化

中国能源相关行业正向绿色化目标发展，新能源汽车产业与可再生能源发电皆已具备市场竞争的能力，有望创造新的经济增长点，助力绿色发展。2021 年，中国年度太阳能风能总投资额占当年 GDP 比重与当年固定资本形成额比重逐渐攀升，已分别接近 0.9% 与 2.0% 的水平。2022 年，这一增长势头仍然明显。由于装机成本持续下降，以及传统能源价格维持高位，以太阳能风能发电投资为代表的"新基建"将为疫情后的经济复苏与长期经济增长持续注入动力，在实现"双碳"目标的同时创造新的发展机遇。就新能源汽车而言，2021 年的增速同比超过 150%，2022 年的同比增速仍然在 100% 左右，会达到 560 万 ~600 万辆。作为全球最大的电动车市场，中国在动力电池、电区、电库、软硬件、智能驾驶、汽车轻量化、零配件等多项技术上已经领先全球。

5. 国际贸易网络持续深化

中国实行更加积极主动的开放战略，构建面向全球的高标准自由贸易区网络，加快推进自由贸易试验区、海南自由贸易港建设，共建"一带一路"成为深受欢迎的国际公共产品和国际合作平台。中国成为 140 多个国家和地区的主要贸易伙伴，货物贸易总额居世界第一位，吸引外资和对外投资居世界前列，形成了更大范围、更宽领域、更深层次的对外开放格局。2022 年前三季度，在党中央、国务院坚强领导下，各地各部门密切配合，广大外贸企业迎难而上，努力克服了多种不利因素的冲击，货物与服务净出口对经济增长的贡献率为 32%，拉动 GDP 增长 1 个百分点。其中，第三季度货物和服务净出口对经济增长的贡献率为 27.4%，拉动 GDP 增长 1.1 个百分点。

6. 营商环境好，对外资吸引力强

营商环境包括政务、市场、法治、人文等方面，各个方面中国都位居全球前列。中国特色社会主义制度具有显著的优势，能够集中力量办大事，推动经济发展。社会稳定是经济繁荣的基础，如果没有一个稳定的社会环境，经济很难繁荣，中国长期保持社会稳定、秩序井然。自中华人民共和国成立以来，特别是改革开放以来，中国对经济发展空前重视，多措并举营造优良的营商环境，这些都极大地增强了投资者的信心，吸引了越来越多的全球资本进入中国。商务部 2023 年 1 月 18 日发布的数据显示，2022 年，全国实际使用外资金额 12326.8 亿元，按可比口径同比增长 6.3%，保持稳定增长。2023 年吸引外资再出新政，鼓励外商投资设立研发中心，扩大国际科技交流合作，助力吸引外资高质量发展。

（二）中国经济发展面临的挑战

在政治冲突加剧、全球滞胀风险上升、新冠疫情反复等国际国内复杂的局面下，中国经济所面临的风险和不确定性加大，导致宏观经济偏离正常增长轨迹，给全年经济发展目标的实现带来了挑战。

1. 房地产投资下滑趋势未改，或将延续并拖累投资修复

房地产投资增速持续下滑，市场预期偏弱仍未出现根本性扭转。房地产投资累计增速持续下滑，由第一季度的 0.7% 跌至第三季度末的 -8%。2022 年以来，多地对楼市调控政策持续进行优化调整，如降首付、降税费、合理调整限购范围、提升公积金贷款额度、支持刚性和改善性住房需求等，但在融资、销售两端疲弱下房地产市场持续低位运行，第三季度"断贷风波"在多地发酵，进一步冲击了居民的购房信心。当前，房地产投资持续下滑的拐点尚未出现，截至 2022 年 9 月，商品房销售面积及销售额增速持续处于二位数的下滑区间，前瞻指标房屋新开工面积增速在第三季度亦深度下滑，后续房地产投资或将持续低迷，短期内仍将处于探底阶段并拖累投资修复。

2. 疫情及疫情防控带来的影响逐渐弱化，但负面影响尚未完全消除

新冠疫情对经济运行的负面影响尚未完全消除。虽然 2022 年 3—5 月的疫情对我国经济运行带来了明显冲击，但 6 月以来，疫情对我国经济的影响明显弱化，上海、北京等重点城市全面复工复产，每日新增感染者也明显下降，其他受到疫情影响区域的生产生活也逐步恢复正常。一方面，从疫情本身的发展态势来看，当前国内疫情多点散发的态势依然存在，一些地方采取的管控措施给当地生产生活带来了负面影响；另一方面，受疫情带来的不确定性等因素的影响，居民跨区域活动受限，给服务业消费的修复带来了明显制约。此外，疫情给企业尤其是中小企业带来了明显冲击，难以在短期内修复，并给就业带来明显冲击，居民就业难度加大、质量下滑，收入增长受限，消费动力不足，不利于经济尤其是消费修复。

3. 出口延续高增长的后劲不足，后续或将影响制造业投资

外需走弱、错峰优势弱化下出口或难以延续高增长，后续或将对制造业投资产生影响。2022年，我国外贸进出口较上年同比增长7.7%。2023年1月13日，国务院新闻办公室举行2022年全年进出口情况新闻发布会。据海关统计，2022年我国货物贸易进出口总值为42.07万亿元人民币。其中，出口23.97万亿元，增长10.5%；进口18.1万亿元，增长4.3%。从进口来看，在价格因素对进口增速的支撑有所减弱、国内需求偏弱叠加基数效应的影响下，截至9月，进口增速已经连续两个月低于1%。从出口来看，随着疫情影响趋缓，物流、人流不畅问题逐步得到解决，企业积压订单加快生产，5月、6月出口增速出现反弹式修复，重回两位数增速水平。在海内外疫情防控政策差异、海外经济衰退续期升温等因素影响下，第三季度出口增速逐渐回落，从7月的17.8%回落至9月的5.7%。IMF10月再次下调了发达经济体2022年、2023年两年的增速预期。值得注意的是，当前人民币虽相对于美元贬值，但相对于欧元、日元并未贬值，人民币贬值对出口的支撑作用或有限。另外，海外供应链产业链持续修复，中国的错峰优势正进一步弱化。2022年以来，PMI新出口订单指数持续位于荣枯线之下，SCFI运价指数在前三个季度显著回落，侧面表明外需景气度下滑，下半年中国外贸或仍将承压，后续出口回落或将对制造业需求产生影响，进而对制造业投资形成掣肘。

4. 社会融资增速主要依赖政策性因素拉动，融资需求持续改善的基础不牢

政策性因素是社会融资改善的主要驱动力量，宏观经济弱复苏下宽信用政策工具仍需继续发力。第三季度融资需求不强叠加信贷节奏扰动7月新增社会融资再次收缩，8月、9月政策性开发性金融工具相继落地，支撑社会融资改善。从融资规模来看，前三季度社会融资规模的增量累计为27.72万亿元，比上年同期增加2.95万亿元，其中社会融资口径下的新增政府券融资累计增加1.49万亿元，考虑到项目资本金撬动的委托贷款和其他配套融资，政策性因素是支撑社会融资改善的主要力量。剔除政府债融资之后社会融资存量的增速为9.35%，与上年同期持平。从信贷规模来看，前三季度新增人民币贷款总额为18.1万亿元，同比增加1.36万亿元，其中居民短期贷款同比减少3544亿元，居民长期贷款同比减少2.37万亿元，企业短期贷款和票据融资规模同比分别增加2.24万亿元和1.69万亿元。前者表明居民消费及购房意愿低迷，后者表明即便在政策性因素支持下企业中长期贷款增加，但企业短期经营或仍面临较大的资金接续压力。从总体来看，9 月及前三季度的社会融资增量主要依赖政府债融资及相关配套融资，自发的融资需求或仍偏弱，居民的购房需求或仍处于收缩阶段，融资及信贷数据在一定程度上反映出前三季度宏观经济总体呈弱修复态势，社会融资持续改善的基础仍不牢靠，宽信用政策仍需持续发力。考虑到政策性开发性金融工具的效果将延续显现，专项债结存限额的发行使用也将成为重要的接续性支撑。①

5. 人民币存在一定贬值压力，外部不确定性持续存在

俄乌冲突和中美博弈增加了外部不确定性。受俄乌冲突的影响，全球不同阵营之间的分化加剧，世界百年未有之大变局加速演变，加之中美之间的大国博弈持续，中国经济运行面临的外部不确定性、不稳定性持续增加。当前，俄乌局势胶着，冲突呈现长期化趋势，对全球经济的冲击依然持续，中国经济面临的外部政治经济环境仍然复杂。人民币总体处于贬值区间，美联储鹰派预期下人民币第四季度仍存贬值压力。3 月下旬，疫情突发，人民币相对美元及欧元迅速贬值，4—5 月银行结售汇顺差收缩，热钱净流出增加，此后人民币汇率在波动中贬值，自 8 月中旬起贬值节奏再次加快，9 月 16 日在岸人民币兑美元跌破 7.0 关口，为 2020 年 7 月以来首次。从后续来看，美联储及欧洲央行为应对严峻通胀而加快加息节奏，美元指数有走强趋势，中美利差走扩，资本外流压力有所加大，预计年内人民币仍将承压，但第四季度中国宏观经济或延续企稳修复态势，经济基本面修复或对人民币汇率形成一定支撑。

（三）2022 年中国经济运行十大看点

1. 灵活的货币政策，积极的财政政策

2022 年，中国完善宏观政策组合，经济运行保持在合理区间内。2022 年 1 月，央行宣布将一年期金融机构中期借贷便利（MLF）贷款利率从此前的 2.95% 下调至 2.85%，以适度增加中期资金供给，并释放货币政策积极稳增长、加大跨周期调节力度的信号，有助于稳定市场对经济前景的预期。2022 年继续实施积极的财政政策，更加注重精准、可持续。财政部向各地提前下

---

① 数据来源于 Wind 数据库。

达了 2022 年新增专项债务限额约 1.5 万亿元人民币（约 2290 亿美元）。2022 年，专项债券重点用于九大方向：一是交通基础设施，二是能源，三是农林水利，四是生态环保，五是社会事业，六是城乡冷链等物流基础设施，七是市政和产业园区基础设施，八是国家重大战略项目，九是保障性安居工程。

2. "双碳"工作加快推进，碳市场持续完善

2022 年，中国"双碳"工作进入关键的实施阶段，在能源保供和稳增长的前提下，突破机制体制壁垒和制约因素，激发技术创新和投资活力。从行业来看，在政府与市场双轮驱动下，交通、建筑领域将走在"去碳化"进程的前列。在能源和工业等高能耗领域，政府将进一步加大力度淘汰落后产能、落实节能减排，并进一步加快电价、用能权和碳交易等市场改革，为技术创新、市场竞争和投资提供明确的价格信号。在碳市场方面，2022 年，中国碳市场扩大行业覆盖范围，并在碳配额机制改革、引入市场投资主体等方面进一步提升碳市场的功能和重要性。国家核证自愿减排量（CCER）的重启将丰富碳市场交易品种。更多机构和企业投资者的引入，更灵活的金融产品，将为碳市场注入更多活力。全国碳市场的碳价预计将在未来十年内不断上涨，这将倒逼行业、企业加速转型步伐，推进新技术、新业务、新模式快速应用，重塑企业核心竞争力。

3. 资本市场改革将持续深化

2012—2022 年是中国资本市场快速发展的十年，也是中国资本市场走向成熟的十年。在这十年里，中国上市公司数量从 2472 家增长至 4947 家，上市公司总市值从 26.74 万亿元增长至 83.29 万亿元，总市值增长超过 2 倍，位居世界第二；在这十年里，中国上市公司总市值与 GDP 的比值从 49.65% 提升至 86.66%，资本市场在国民经济中的地位愈发突出，服务实体经济的能力持续提升，对实体经济的适配性大幅增强，资本市场已经成为拓宽实体经济融资和居民投资渠道的重要途径，承担着推动中国经济转型，助力产业升级，以及满足居民财富管理需求的重大历史使命。2012—2022 年，中国资本市场直接融资占比从 15.9% 提升至 32.4%，股票市场累计融资 13.3 万亿元，融资金额和融资企业数量均大幅增长，融资金额从 4452.68 亿元增长至 18178.85 亿元，融资企业数量从 314 家增长至 1219 家，资本市场已成为实体经济融资的重要渠道。2012—2022 年，中国多层次资本市场建设日益完善，先后设立新三板、科创板、北交所。资本市场目前已形成涵盖沪深主板、科创板、创业板、北交所、新三板、区域性股权市场、私募股权基金在内的多层次股权市场，北交所定位于"专精特新"的小巨人企业，科创板则成为中国"硬科技"企业上市的首选地。

4. 数字经济迅速发展，产业升级迎来战略机遇期

数字经济是继农业经济、工业经济之后的主要经济形态。中国数字经济规模已连续多年位居世界前列，尤其是新冠疫情以来，数字经济、数智融合在抗击疫情、恢复生产生活方面发挥了重要作用。数字基础设施升级，包括 5G 和 6G 网络部署，构建全国一体化大数据中心体系，实施"东数西算"工程等措施。探索以整个城市为视角，打造城市级数字化平台。在经济、生活、治理三大领域实现数字化转型融合，包括产业数字化、生活数字化和治理数字化。对企业而言，通过数智融合，用数字技术赋能现有核心业务，将极大提升企业降本增效、创新转型的能力。

5. 战略性新兴产业引领未来产业格局

培育和发展战略性新兴产业是中国推进产业结构升级、加快经济发展方式转变的重大举措，已经成为构建中国现代产业体系的重要支柱。"十四五"期间，战略性新兴产业以提升产业创新能力、坚持开放融合为发展方向，以筑牢产业安全体系、破解"卡脖子"技术为核心任务，以集中优势资源实施重大攻关、打造世界级产业集群为主导路径，助推中国经济发展迈向更高质量的阶段。2022 年，中国着力于夯实产业基础、壮大产业规模、确保产业安全及未来领先优势，需要坚持"走出去"和"引进来"，巩固产业链"长板"，并通过发展服务贸易布局全球化，建立与国际规则接轨的创新政策体系，充分激发市场活力，加强统筹协调，强化战略引领，紧紧抓住科技爆发与产业变革的历史性机遇，实现创新驱动发展。

6. 消费市场持续恢复稳中向好，数智创新提质扩容释放内需潜力

2022 年 9 月，社会消费品零售总额 37745 亿元，同比增长 2.5%。其中，除汽车以外的消费品零售额 33532 亿元，增长 1.2%。按经营单位所在地划分，9 月，城镇消费品零售额 32250 亿元，同比增长 2.5%；乡村消费品零售额 5495 亿元，增长 2.3%。1—9 月，城镇消费品零售额 277753 亿元，同比增长 0.7%；乡村消费品零售额 42552 亿元，增长 0.9%。按消费类型划分，9 月，商品零售 33978 亿元，同比增长 3.0%；餐饮收入 3767 亿元，下降

1.7%。1—9月，商品零售 289055 亿元，同比增长 1.3%；餐饮收入 31249 亿元，下降 4.6%。消费呈现稳步恢复、稳中提质的态势，对经济发展的基础性作用不断巩固，是稳定经济增长的主要引擎，并持续发挥保持国民经济平稳运行的"稳定器"和"压舱石"作用。随着扩大内需战略的深入实施，国内大循环的主体作用在增强，国内大循环对经济发展的带动作用明显增强。中国消费品行业的数字化水平和应用领先全球，中国快速变化的消费需求和消费行为孵化出新的消费趋势和销售渠道。

7. 绿色基础设施建设助力稳增长和碳减排

"十四五"规划提出，大力发展绿色经济，推动基础设施绿色升级。推动基础设施绿色发展兼具稳增长和推进碳减排双重功能。在基础设施绿色转型的政策引导下，基础设施项目更加注重绿色规划、绿色决策、全生命周期绿色低碳管理，加大对环境基础设施领域的投入，提升固废资源化利用率，推动基础设施全产业链绿色低碳发展。按照提升财政政策效能的要求，基础设施投资更加注重投资效率，在区域统筹发展、生态与经济协调发展、传统基建和新基建融合发展、数字化智能化发展等领域发力，发挥投资稳增长、效率促增长的作用。在政府债务风险的约束下，基础设施投资更加注重市场化运作，基础设施公募 REITs 试点工作取得突破性进展，基础设施投资保持良性循环。

8. 国企改革三年行动收官，国企布局优化步伐加快

2022 年是国企改革三年行动的收官之年。截至 2022 年 9 月初，各中央企业和各地改革工作台账完成率均已超过 98%。随着三年行动主体任务的基本完成，中央企业各方面改革正在不断取得新的成效。国有企业形成台账、锁定重点、靶向发力，在多个重点领域和关键环节取得了新的突破。公司制改制全面完成，中央企业董事会应建尽建，基本实现外部董事占多数；劳动、人事、分配三项制度改革实现大范围破冰破局，中央企业将着力推动"三能"机制在各层级企业普遍化、常态化运行。国有企业实力、活力的持续增强，离不开三年行动的深入推进、体制机制的不断完善。如今，有 99 家国有企业进入 2022 年世界 500 强，其中国务院国有资产监督管理委员会监管的中央企业有 47 家，发电、航运、船舶等行业的中央企业主要效率指标达到世界一流水平。

9. "一带一路"促经济发展，落实"五个统筹"是关键

"一带一路"建设为畅通国内国际双循环提供了有力支撑。秉持共商、共建、共享原则，中国与相关各方共同推动共建"一带一路"取得新进展、新成效，一批重大项目进展平稳，尤其是"数字丝绸之路""绿色丝绸之路""健康丝绸之路"建设成为新亮点。2022年7月，中国已经同149个国家和32个国际组织签署200余份共建"一带一路"合作文件，中国与共建"一带一路"国家的合作正以强大的韧性开创更广阔的前景。面对复杂的国际形势和新冠疫情的持续冲击，世界各国尤其是发展中国家的经济复苏面临巨大挑战。参与"一带一路"建设的企业需要深刻学习，落实中央提出的新形势下推动共建"一带一路"，落实好"五个统筹"——统筹发展和安全、统筹国内和国际、统筹合作和斗争、统筹存量和增量、统筹整体和重点，既要充分利用"一带一路"内外联通优势，坚持全球化发展，更要全面提升企业抗风险和危机应对能力。

10. 自贸区、自贸港引领高水平对外开放格局

中国自由贸易试验区（简称"自贸区"）一直致力于对接国际高标准经贸规则，放宽市场准入，提升投资贸易自由化、便利化水平。2022年，中国自贸区外商投资准入负面清单进一步缩减，特别是在制造业领域实现了条目清零，彰显了中国扩大开放的决心和信心。未来，自贸区将被赋予更大的改革自主权，持续强化引领性开放功能，探索高水平对外开放的国际合作和竞争优势。在自贸港建设方面，《中华人民共和国海南自由贸易港法》已经颁布实施，放宽市场准入特别措施、贸易自由化便利化若干措施、金融改革开放意见等相继出台。在各项利好下，海南自贸港经济外向度持续提升。2022年前三季度，海南货物贸易进出口总值1436亿元，同比增长41.4%，快于同期全国增速31.5个百分点，增速排名全国第五。其中，出口总值476.3亿元，增长97.7%，快于全国83.9个百分点，排名全国第三；进口总值959.7亿元，增长23.9%，排名全国第六。

四 2023年国际国内经济形势展望

伴随俄乌冲突的影响，各国央行努力平息通货膨胀的经济活动放缓，以及持续的新冠疫情，经济下行风险上升。疫情扰乱了全球供应链，通货膨胀开始呈上升趋势。疫苗的接种使各国特别是发达经济体放松了与新冠疫情相关的限制，家庭需求迅速恢复，但供应方面的挑战依然存在。俄乌冲突以及新一轮供应方面的冲击，也助长了高通胀预期。展望 2023 年，通货紧缩将出现在几乎所有的经济体中，在发达经济体中尤为明显。

（一）国际经济形势展望

劳动力市场供需失衡、全球贸易摩擦、政治冲突等问题导致发达国家通胀水平高企，为了降低通胀，发达国家持续收紧货币以抑制需求。发达国家的货币政策重启宽松是经济实现企稳复苏的必要条件。对于发达经济体来说，增长率预计将从 2021 的 5.2% 放缓至 2022 年的 2.4% 和 2023 年的 1.1%。随着经济放缓势头的增强，相较于 7 月《世界经济展望》的预测值，增长率被下调（2022 年和 2023 年分别下调 0.1% 和 0.3%）。预计的减速和降级集中在美国和欧洲经济体。新兴市场和发展中经济体的增长率预计将在 2022 年降至 3.7%，并在 2023 年保持这一水平，与发达经济体的日益放缓形成对比。

IMF 2023 年 1 月最新的预测显示，全球通胀率预计将从 2022 年的 8.8% 降至 2023 年的 6.6% 和 2024 年的 4.3%，但仍高于 2017—2019 年约 3.5% 的水平。更高的通胀压力正促使各央行收紧货币政策。货币紧缩可能会加剧供应方面的持续限制，因为利率上升将阻碍投资，而投资可能会缓解大流行危机期间出现的一些发展瓶颈。在经济复苏时期，由较高的利率导致的商业投资减少只会进一步推迟全面复苏。发达经济体的高利率也将对发展中国家的增长产生不利影响，特别是在非洲、拉丁美洲和加勒比地区，这些国家的就业增长疲软和相对于大流行前水平的高失业率继续存在。更高的借贷成本也将削弱投资，加剧发达国家和发展中国家之间的融资差距（见表 1-1）。

（1）美国。IMF 预计，展望 2023 年，美国中产阶级的人口占比已从高峰时的 70% 回落到现在的 50%。由于高通胀压力、美联储激进的货币紧缩和美元走强、净出口余额恶化，美国的增长预计将从 2022 年的 2.0% 下降到 2023 年的 1.4% 和 2024 年的 1.0%。

（2）欧元区。在欧元区，2022 年的增长放缓没有美国明显，但预计会在 2023 年加剧。IMF 预计增长率将在 2023 年触及 0.7% 的谷底，并于 2024 年回升至1.6%。

（3）英国。IMF预计英国经济也将大幅放缓。预计2022年和2023年的增长率分别为3.6%和-0.6%，因为高通胀会降低购买力，紧缩的货币政策会对消费者支出和商业投资造成影响。财政一揽子计划预计将在短期内使增长略高于预期，同时使对抗通货膨胀的斗争更加复杂。

（4）亚洲新兴市场。IMF预计亚洲新兴和发展中经济体2022年的增速放缓幅度超过预期，增长率降至4.3%，而2023年和2024年的增长率将分别上升至5.3%和5.2%。新冠疫情在多个地区暴发，以及不断恶化的房地产市场危机，阻碍了中国的经济活动。印度2022年的增长前景为6.8%——自7月的预测以来下降了0.6个百分点，反映出第二季度的产出低于预期，外部需求更加疲软，2023年为6.1%，自7月以来没有变化。对于东南亚国家联盟（ASEAN）经济体而言，2023年的预计增长率被下调，主要反映了不利的外部条件：中国、欧元区和美国等主要贸易伙伴的增长放缓；食品和能源价格上涨导致家庭购买力下降；随时出台的货币紧缩政策。

（5）拉丁美洲和加勒比地区。IMF指出拉丁美洲和加勒比地区的增长率预计将从2022年的3.9%下降至2023年的1.8%，2023年增长率相较10月预测值上调了0.1个百分点。其中，巴西的增速预测值被上调了0.2个百分点，墨西哥上调了0.5个百分点，原因是国内需求呈现出意料之外的韧性，以及主要贸易伙伴的经济增长快于预期。在巴西，上调也源于政府的财政支持规模大于预期。预计2024年该地区的增长率将升至2.1%，不过这较之前的预测值被下调了0.3个百分点，原因包括金融环境收紧、大宗商品出口价格下跌以及贸易伙伴增长率预测值下调。

（6）中东和中亚地区。中东和中亚地区的增速预计将从2022年的5.3%下降到2023年的3.2%，相较10月预测值下调了0.4个百分点，主要是由于沙特阿拉伯的增长放缓幅度大于预期，即随着油价下跌、全球经济放缓和俄乌冲突的不利影响，该地区的经济增长将放缓至3.2%。

（7）撒哈拉以南的非洲。7月的增长前景略弱于预测，从2021的4.7%下降到2022年和2023年的3.8%和4.1%，分别下调0.9个百分点和0.6个百分点。这种疲弱的外贸反映了贸易伙伴增长放缓、金融和货币条件趋紧以及大宗商品贸易条件的负面变化。

表 1-1　2023 年 1 月国际货币基金组织《世界经济展望》最新预测

单位:%

经济体	实际值		预测值	
	2021 年	2022 年	2023 年	2024 年
世界产出	6.2	3.4	2.9	3.1
发达经济体	5.4	2.7	1.2	1.4
美国	5.9	2.0	1.4	1.0
欧元区	5.3	3.5	0.7	1.6
德国	2.6	1.9	0.1	1.4
法国	6.8	2.6	0.7	1.6
意大利	6.7	3.9	0.6	0.9
西班牙	5.5	5.2	1.1	2.4
日本	2.1	1.4	1.8	0.9
英国	7.6	4.1	-0.6	0.9
加拿大	5.0	3.5	1.5	1.5
其他发达经济体	5.3	2.8	2.0	2.4
新兴市场和发展中经济体	6.7	3.9	4.0	4.2
亚洲新兴市场和发展中经济体	7.4	4.3	5.3	5.2
中国	8.4	3.0	5.2	4.5
印度	8.7	6.8	6.1	6.8
欧洲新兴市场和发展中经济体	6.9	0.7	1.5	2.6
俄罗斯	4.7	-2.2	0.3	2.1
拉丁美洲和加勒比地区	7.0	3.9	1.8	2.1
巴西	5.0	3.1	1.2	1.5
墨西哥	4.7	3.1	1.7	1.6
中东和中亚	4.5	5.3	3.2	3.7
沙特阿拉伯	3.2	8.7	2.6	3.4
撒哈拉以南非洲	4.7	3.8	3.8	4.1
尼日利亚	3.6	3.0	3.2	2.9
南非	4.9	2.6	1.2	1.3

（二）国内经济形势展望

尽管受到 2022 年国际国内经济环境的影响，2023 年经济将面临国内外双重压力，但中国经济发展仍然具有强劲韧性。首先，国外经济体的加息潮将波及国内经济发展，国内逆向货币政策的实施存在阻力，中国人民银行加大稳健的货币政策实施力度，发挥货币政策工具的总量和结构双重功能，为 2023 年实体经济发展提供了有利条件。其次，由于新冠疫情的反复，国内消费者信心指数在 2022 年下半年出现下降，预计在 2023 年上半年仍有下降趋势。在新冠疫情稳定、国外经济环境回暖后，2023 年下半年国内消费者信心指数有望回升，将对国内经济改善起到重要作用。最后，国外经济回暖也将进一步促进国内经济发展，中国与多个国家的贸易关系紧密、产业链条完整，因此能够在只有部分国家经济回暖的情况下获得贸易利益，并发挥规模优势。

未来五年是中国全面建设社会主义现代化国家开局起步的关键时期。在未来五年，经济高质量发展将取得新突破，科技自立自强能力显著提升，构建新发展格局和建设现代化经济体系取得重大进展。改革开放迈出新步伐，国家治理体系和治理能力现代化深入推进，社会主义市场经济体制更加完善，更高水平的开放型经济新体制基本形成。全过程人民民主制度化、规范化、程序化水平进一步提高，中国特色社会主义法治体系更加完善。人民精神文化生活更加丰富，中华民族凝聚力和中华文化影响力不断增强。居民收入增长和经济增长基本同步，劳动报酬提高与劳动生产率提高基本同步，基本公共服务均等化水平明显提升，多层次社会保障体系更加健全。城乡人居环境明显改善，美丽中国建设成效显著。

第二章 2022 年山东省经济发展形势分析及 2023 年展望

自 2022 年以来，受国际形势复杂多变、新冠疫情持续冲击等超预期因素的影响，不稳定、不确定因素明显增多。山东省委、省政府坚决贯彻落实党中央的"疫情要防住、经济要稳住、发展要安全"要求，积极应对"需求收缩、供给冲击、预期转弱"三重压力，高效统筹疫情防控和经济社会发展，实施稳经济一揽子政策措施，全省经济加快复苏、稳中向好。

一 当前山东省经济发展的基本态势

（一）经济运行持续稳中向好，宏观经济大盘保持稳定

坚决扛牢经济大省责任，高效统筹疫情防控和经济社会发展，连续出台四批稳中求进高质量发展政策清单，落实稳经济一揽子政策和接续政策措施，全省发展态势持续向好，主要指标好于全国，在沿海各省处于领先地位，为全国稳住经济大盘做出了重要贡献。山东省经济呈现出第一季度平稳开局、第二季度触底反弹、第三季度持续回升的"V"形走势，根据山东省统计局公布的数据显示，前三季度增长 4.0%，高于全国 1 个百分点，高于广东、江苏和浙江 1.7 个、1.7 个和 0.9 个百分点（见表 2-1、图 2-1）。总体来看，山东省应对疫情措施得力、成效显著，经济运行经受住了短期冲击，经济运行稳定复苏态势持续巩固。

表2-1　2022年前三季度山东省与粤苏浙及全国主要经济指标对比

主要经济 指标	山东 增速 （%）	全国		广东		江苏		浙江	
		增速 （%）	山东领 先幅度 （个 百分点）	增速 （%）	山东领 先幅度 （个 百分点）	增速 （%）	山东领 先幅度 （个 百分点）	增速 （%）	山东领 先幅度 （个 百分点）
地区生产总值	4.0	3.0	1.0	2.3	1.7	2.3	1.7	3.1	0.9
规模以上增加值	5.3	3.9	1.4	3.4	1.9	4.5	0.8	5.4	-0.1
固定资产投资	6.5	5.9	0.6	-0.9	7.4	3.5	3.0	10.0	-3.5
社会消费品零售总额	0.1	0.7	-0.6	2.2	-2.1	-0.3	0.4	4.2	-4.1
进出口总额	15.7	9.9	5.8	1.3	14.4	9.8	5.9	17.6	-1.9
一般公共预算收入	5.4	4.1	1.3	6.3	-0.9				

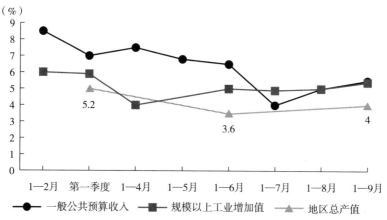

图2-1　2022年山东省前三季度地区生产总值、规模以上工业增加值、
一般公共预算收入增速走势

（二）新旧动能转换取得实质突破，质量效益稳步提升

深入推进新旧动能转换重大工程，"五年取得突破"主要指标基本完成，创新动力蓬勃发展，产业结构提档跃升，高质量发展潜力不断释放。工业转型升级成效突出。"四新"经济增加值占GDP的比重超过1/3，高新技术产业产值占规模以上工业产值比重接近一半。产业转型升级不断加快，制造业高端化、智能化、集群化水平不断提升。现代服务业优势明显。山东省统计局

公布的数据显示，前三季度，现代服务业增加值同比增长 3.9%，比上半年提高 0.6 个百分点，比全部服务业增加值高 0.2 个百分点。现代服务业不断发展壮大，优质高效服务业新体系正在形成。创新的第一动力作用持续增强。山东省印发的《山东省优质中小企业梯度培育管理实施细则》数据显示，累计培育国家级专精特新"小巨人"企业 756 家、重点"小巨人"企业 192 家、制造业单项冠军 145 家，数量均居全国前三，创新动能持续增强，新兴产业蓬勃发展。

（三）三大需求协同发力，经济循环更加畅通

以供给侧结构性改革为主线，坚持把扩大有效需求作为稳住经济的突破口，加快释放政策效能，供需两端协同发力，协调三大需求比例。投资拉动作用显著。山东省统计局公布的数据显示，前三季度，固定资产投资同比增长 6.5%，高于全国 0.6 个百分点，"四新"经济投资占比达 53.4%。投资质的有效提升和量的合理增长相统一，投资对优化供给结构的关键作用不断增强。消费需求延续恢复态势。山东省统计局公布的数据显示，前三季度，社会消费品零售总额同比增长 0.1%，比上半年提高 0.4 个百分点，实现由负转正。网上零售额同比增长 9.7%。消费市场呈现总量增长、结构优化、需求升级的良好发展态势。进出口保持较强韧性。山东省统计局公布的数据显示，前三季度，全省进出口增长 15.7%，高于全国 5.8 个百分点，进出口增速在全国位列第三，出口、进口增速分列第一位和第三位，对全国外贸增长的贡献率达到 11.8%，为稳住全国外贸大盘贡献了重要力量（见图 2-2）。

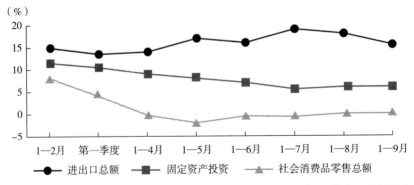

图 2-2　2022 年山东省前三季度固定资产投资、社会消费零售总额、进出口总额增速走势

（四）重大战略纵深推进，区域经济布局更趋优化

大力实施重大区域带动战略，推动区域协调发展。黄河重大国家战略纵深推进。牵头成立黄河流域产教联盟、专家协同创新协作联盟；打造黄河下游绿色生态廊道，积极创建黄河口国家公园。"三圈"区域布局不断完善。统筹推进三大经济圈一体化发展，实施济青联动三年行动计划，实施新一轮突破菏泽、鲁西崛起行动，设立四个省级新区，打造区域融合的战略支点。新型城镇化发展格局不断优化。印发实施《山东半岛城市群发展规划（2021—2035 年)》。加快推进以县城为重要载体的新型城镇化建设。2021 年，县域常住人口城镇化率同比增长 0.93 个百分点。乡村振兴战略深入实施。统筹推进乡村产业、人才、文化、生态、组织振兴，乡村振兴齐鲁样板不断取得新成效。

（五）社会民生持续改善，共同富裕扎实推进

山东省统计局公布的数据显示，前三季度，用于民生的支出占一般公共预算支出的 78.2%，比上年同期高 0.6 个百分点，比广东、江苏、浙江分别高 6.5 个、8.3 个和 2.0 个百分点。就业形势总体平稳，城镇新增就业 94.8 万人，占年度目标任务的 86.2%，城镇调查失业率连续 5 个月稳定在 5.5% 之内。社保体系不断完善，全省职工养老、居民养老、失业、工伤等保险参保人数较上年分别增加 120.4 万人、20.9 万人、47.1 万人和 2007.3 万人。发展环境更加优美，前三季度全省 PM2.5 平均浓度同比改善 5.7%。

二　山东省经济发展需重点关注的问题

（一）工业生产仍然面临较为突出的矛盾

当前，山东省工业生产总体稳定向好，但企业面临的外部环境复杂、需求恢复缓慢、生产成本高企等问题，制约着工业经济平稳增长。市场需求不足制约企业发展。山东省统计局公布的数据显示，1—8 月，全省工业产品销售率 95.8%，较上年同期下降 2 个百分点。8 月，在全省 2354 家参与调查的企业中，新签订货量较上年同期下降的有 845 家，占比 36%。生产成本高企压缩企业利润空间。1—8 月，工业企业营业成本同比增长 6.3%，高于营业收

入增速 1 个百分点，规模以上工业企业每百元营业收入的成本达到 87.48 元，分别高于全国、江苏、浙江、广东 2.56 元、1.36 元、2.48 元和 3.19 元，企业生产经营压力加剧。

（二）消费恢复相对较慢

2022 年以来，受疫情等因素影响，国内居民收入和消费增速普遍回落，山东省相关指标也出现较大幅度的下降，有效需求不足，消费恢复不及预期的问题较为突出。消费恢复基础不牢固。2022 年第三季度中央银行调查摸底数据显示，全国居民就业和收入仍处于相对疲弱状态，感受指数分别为 35.4% 和 47%，居民增收预期不足在一定程度上影响了消费恢复。新型消费培育亟待加强。山东省网络销售规模小、体量不足，以及网络消费外流等问题突出，山东省统计局公布的数据显示，上半年，网上零售额净流出约 520.3 亿元，累计下拉社会商品零售总额 3.4 个百分点。促消费政策拉动效应有所减弱。山东省促消费政策主要集中在汽车、家电等大宗消费领域，价格较高且使用周期较长，更易被透支消费需求。6 月，政策出台当月限额以上汽车类零售额增长 29.9%，7 月增长幅度低于预期，8 月限额以上汽车、家电零售额环比分别下降 11.9% 和 16.4%。

（三）外经贸持续增长难度加大

2021 年，山东省订单回流、防疫物资出口等利好因素正在逐步消退，2022 年山东省外贸面临发展后劲不足、外资外流加快等问题。外贸增速呈下行趋势。山东省统计局公布的数据显示，前三季度进出口较 1—7 月、1—8 月分别下降 3.1 个、2.5 个百分点。9 月，新出口订单指数较上月下降 1.1 个百分点，生产、消费需求回落。2021 年同期，东南亚疫情带来的转移订单导致了外贸高基数，2022 年出口订单返流，给出口增长带来较大压力。外资外流压力加大。随着省内综合成本的持续上升，外资企业有加速向西部地区或海外转移的趋势。2022 年上半年，我国西部地区实际使用外资同比增长 43.9%，增速快于东部（15.6%，其中山东为 14.6%）与中部（25%）地区。

（四）重点领域风险隐患不容忽视

统筹发展和安全是应对外部风险挑战的重要战略部署。当前，山东省经济运行还存在一些风险问题，重点领域风险不容忽视。财政收支矛盾更加突出。山东省统计局公布的数据显示，1—9 月，全省一般公共预算支出增长6.4%，高于一般公共预算收入增速 1 个百分点。制造业、房地产业两大支柱行业的地方税收分别下降 5.1%、17.2%。潜在金融风险压力加大。截至 9 月末，全省不良贷款率较年初上升 0.03 个百分点，不良贷款余额比年初增加197.32 亿元，金融风险有小幅反弹趋势。房地产行业下行趋势明显。房地产市场景气度继续下行，1—9 月，山东房地产企业销售金额 TOP20 企业的销售额同比下降 37.3%；销售面积 TOP20 企业的销售面积同比下降 43.5%。

（五）市场信心仍然有待提升

市场主体预期是稳定宏观经济的重要保障，在国内外环境复杂严峻、不确定性加剧的情况下，疫情反弹对经济的影响超出预期，导致市场主体预期明显趋弱。个人贷款规模收缩。山东省统计局公布的数据显示，前三季度，个人购房贷款同比少增 1488.4 亿元，短期消费贷款同比少增 272.82 亿元，居民收入预期不够稳固。企业家信心回升不强。第三季度，企业家宏观经济热度指数为 26.9，较第一季度和上年同期回落 8.8、12.9 个百分点。前三季度，农信联提前归还的制造业贷款、基建类贷款、普惠小微贷款同比分别增长28.64%、21.29%、61.44%，未来形势仍不乐观。

三　2023 年山东省经济发展环境分析

（一）国内外宏观发展环境

从国际来看，全球经济复苏受阻，百年未有之大变局以一种超预期的形式充分展现。一是逆全球化与地缘风险加剧。俄乌冲突直接冲击全球能源、食品价格，全球能源和粮食安全的不稳定性增加，或将激化全球地缘政治进一步对立。二是短期内全球滞胀风险加剧。疫情发生后，西方国家超发货币导致全球通胀加快攀升，通胀压力迫使欧美央行激进加息。货币政策由超宽松迅速转为超收缩，国际金融市场大幅震荡，世界经济"滞胀"风险上升。三是全球经济衰退风险加剧。第一财经于 2022 年 6 月 26 日发布的信息显示，当前，美国政府债务比重已接近 140%，欧元区政府债务比重在疫情后升至

95%，欧美宏观政策对经济增长的拉动作用将进一步弱化，经济衰退预期越发显著。

从国内来看，我国面临的需求收缩、供给冲击、预期转弱的"三重压力"依旧凸显，经济恢复还存在很多不稳定、不确定因素，但是我国经济韧性强、潜力大，长期向好的基本特点没有变，推动高质量发展的支撑坚强有力。一是大国经济有韧性。疫情对经济造成了较大冲击，但我国长期积累的雄厚物质基础和超大市场规模优势明显。二是创新发展增动力。我国深入实施创新驱动发展战略，大力推动产业转型升级，有效促进新动能发展壮大。三是宏观政策有保障。党中央、国务院持续出台稳增长政策措施，各地区各部门迅速行动、有效落实。

（二）山东省经济社会发展具备的利好因素

2023 年是全面贯彻落实党的二十大精神的开局之年，是"十四五"规划承上启下的关键之年。山东省发展虽然面临诸多困难和问题，但稳中向好、进中提质的大势不会变。一是党的二十大的胜利召开凝聚起全省人民干事创业的强大信心。党的二十大做出的重大决策部署，为我们提供了强有力的政治、思想和组织保障，为我们做好各项工作提供了总遵循、总定位、总航标。二是重大区域战略加快实施为山东省发展提供强大支撑。党的二十大再次明确提出，推动黄河流域生态保护和高质量发展。同时，在山东新旧动能转换向"十年塑成优势"迈进的关键节点，国家再赋山东绿色低碳高质量发展先行区建设的重任。三是系列政策叠加效应的持续释放为山东省平稳发展提供强大保障。自 2022 年以来，山东省接续出台四批稳中求进高质量发展政策清单、13 条援企稳岗政策清单等，实施了《山东省"三个十大"2022年行动计划》，各类增量政策红包密集落地，为稳住经济大盘提供了重要支撑。

四　做好 2023 年经济社会工作的思路及建议

深入贯彻党的二十大精神，认真落实党中央、国务院各项决策部署和省委、省政府工作要求，坚持稳中求进工作总基调，以推动高质量发展为主题，把实施扩大内需战略同深化供给侧结构性改革有机结合起来，锚定"走在前、开新局"，以建设绿色低碳高质量发展先行区为总抓手，深化新旧动能转换，塑造经济高质量发展新优势，开创新时代社会主义现代化强省建设新局面。

（一）深化新旧动能转换，构建现代化产业体系

坚持把发展经济的着力点放在实体经济上，把实施扩大内需战略同深化供给侧结构性改革有机结合起来，夯实产业链发展基础，增强产业核心竞争力。培育跨区域先进制造业集群。编制整体产业地图，根据集群之间的资源整合共享、产业链配套编制专项发展规划，发挥产业链链主企业带动作用，推动跨区域整合产业链，构建跨区域世界级产业集群。积极抢占未来产业新赛道。围绕未来产业的共性政策需求和细分领域的个性需求，构建未来产业政策支持体系。建立未来产业培育发展基金，打造未来产业发展平台，支持重大技术研发、示范应用等建设。以"灯塔工厂""未来工厂"引领制造业转型。将"灯塔工厂""未来工厂"作为推动制造业转型、加快制造业高质量发展的重要抓手，制定建设手册，实施智能制造新模式、新标杆培育工程，促进数字经济和实体经济深度融合。

（二）统筹教育、科技、人才资源，提升创新发展效能

牢牢把握科技是第一生产力、人才是第一资源、创新是第一动力"三个第一"的内在联系，推动教育、人才、科技、产业的融合发展，塑造发展新动能、新优势。实施教育链、人才链、产业链、创新链、资金链融合发展行动。围绕山东省重大科技需求、重点产业链发展方向，破解制约"四链"融合发展的体制机制障碍，促进人才、教育、科技、产业等资源流动融通、形成合力。实施创新平台能级跃升工程。发挥青岛海洋试点国家实验室作用，持续开展"透明海洋""蓝色药库"等海洋科技攻关。推进国家重点实验室重组，积极融入全国重点实验室体系。布局发展概念验证平台。从促进科技成果转化的角度，出台支持概念验证中心和中小试验基地建设的政策，推动科技创新成果向生产力转化。

（三）促进消费扩容提质，补齐消费发展短板

实施扩大内需战略，是我国应对长短期、国内外诸多风险挑战的必然选

择和重大举措。培育区域性消费中心城市。实施城市消费场景能级跃升工程，打造有全国影响力的标志性核心商圈、城市商业地标，培育区域性消费中心城市。实施消费新业态培育行动。推动传统餐饮住宿、文旅等行业转型发展，推进业务线上化、数字化升级。发展智慧办公和智慧物流，培育无人零售、标准化生鲜套餐等新模式。大力发展绿色消费。建立绿色采购目录，发挥政府绿色采购示范作用，逐步扩大绿色采购比重。建立绿色消费信贷标准，开展企业绿色低碳产品认证。探索建立个人碳账户等绿色消费激励机制。

（四）优化区域布局，构筑高质量发展动力系统

以落实黄河重大国家战略为牵引，发挥各地区比较优势，统筹城市群、中心城市、都市圈、县域经济发展，构筑高质量发展空间动力系统。尽快启动济南、青岛都市圈建设。加快研究论证都市圈建设范围，争取相关规划尽快获得国家批复。围绕劳动力、资本、技术等要素的自由流动，构建都市圈要素市场。打造战略节点城市。针对烟台、威海、日照等沿海城市，突出海岸港口、海洋经济和开放窗口优势，打造世界先进的海洋科教核心区和现代海洋产业集聚区；针对德州、滨州、聊城、东营等城市，突出对接京津冀协同发展，强化农业优势地位；针对潍坊、淄博、临沂等实体经济、枢纽经济城市，打造高端制造业集群，建设国家物流枢纽；针对济宁、泰安、菏泽、枣庄等文化富集城市，抢抓运河文化带建设、黄河文化保护传承等重大机遇，打造优秀传统文化旅游目的地。实施县域经济高质量发展攻坚行动。基于县域经济作为粮食生产主力军、产业链稳定器、生态产品提供地、城乡连接节点的作用，找准在服务和融入构建新发展格局中的定位，推进实施县域经济高质量发展攻坚行动，促进县域经济振兴发展。

（五）创新体制机制，建设改革开放新高地

必须坚定不移深化改革，健全动能转换的市场化机制，增强高质量发展活力。深化数据要素配置改革。加快建立山东省数据交易中心，建立统一有序的数据交易机制，推动数据资产评估、定价、交易、质押、抵押，鼓励数据资源合规交易、有序流通、高效利用。大力发展绿色贸易。加强对贸易领域碳议题的相关研究，积极开展绿色标准国际合作，加快建立与国际绿色投

资、绿色贸易新规则相融合的制度体系。服务融入全国统一大市场。依托黄河流域要素市场联盟，组建黄河流域要素资源市场化交易平台，推动碳排放权、排污权、用能权交易市场建设，构建面向黄河流域的要素资源交易生态圈。开展破除地方保护和市场分割的专项行动，破除商品服务和要素自由流通的障碍。

第三章 2022 年聊城市经济发展形势分析及 2023 年展望

面对经济复苏缓慢、新冠疫情反复和改革发展稳定的繁重任务，聊城市坚持以习近平新时代中国特色社会主义思想为指导，深入贯彻落实习近平总书记重要指示要求，锚定"走在前列、全面开创""三个走在前"的总遵循、总定位、总航标，立足新发展阶段，全面贯彻"创新、协调、绿色、开放、共享"五大新发展理念，主动服务和融入新发展格局，统筹疫情防控和经济社会发展，全力推动山东省党代会精神在聊城落地见效，推动各项工作在山东省争创一流、走在前列，着力建设"富强、创新、开放、美丽、幸福、奋进"的"六个新聊城"。2022 年，聊城市经济运行总体平稳，动能转换扎实推进，高质量发展迈出坚实步伐，民生福祉显著提升，开启了建设社会主义现代化新聊城的新征程。

一 2022 年聊城市经济发展取得的成绩

发展理念是发展行动的先导和引领，有什么样的发展理念就有什么样的发展行动和发展实践。聊城市第十四次党代会提出建设"富强、创新、开放、美丽、幸福、奋进"的"六个新聊城"奋斗目标，这是在贯彻"创新、协调、绿色、开放、共享"五大新发展理念的"聊城实践"。聊城市围绕"六个新聊城"建设，取得了良好成绩。

（一）经济运行稳中有进，高质量发展显成效

衡量一个地区经济发展形势和综合实力的主要指标有地区生产总值、财政收入、固定资产投资和居民收入。2022 年，聊城市生产总值为 2779.85 亿元，同比增长 4.3%；公共财政预算收入完成 230.6 亿元，同口径增长 7.4%，

其中税收收入为 143 亿元，剔除留抵退税因素，下降 7.2%，税收占比 66%；规模以上工业增加值增长 8.5%；进出口总额 614 亿元，比上年增长 15.7%，其中进口总额 205.7 亿元，增长 25.2%，出口总额 408.3 亿元，增长 11.4%；存贷款余额 5547 亿元，同比增长 13.2%；社会消费品零售总额 917.8 亿元，与上年持平；新登记市场主体 9.65 万户；居民人均可支配收入增长 5.8%；固定资产投资同比增长 16.3%；"四新"经济增加值增长 13.7%，占 GDP 比重达 34.2%；高新技术产业产值占规模以上工业产值比重达 51.9%；高技术产业投资增长 90%；现代服务业增加值增长 3.9%。在世界经济形势复苏不稳定、不均衡，全球化遭遇逆流，世界经济滞胀压力加大，复苏动力减弱，国内经济需求收缩，供给冲击预期减弱之重压下，聊城市经济保持平稳增长，综合实力进一步提高，主要经济指标好于预期，如图 3-1、图 3-2 所示。

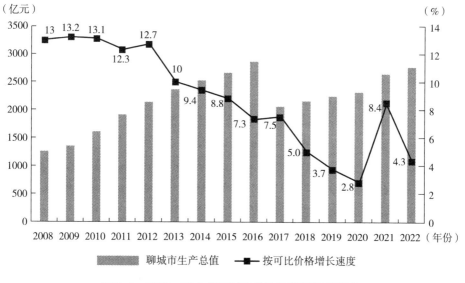

图 3-1 2008—2022 年聊城市生产总值及增长速度

（二）坚持创新发展，增强区域经济发展驱动力

创新是引领区域经济发展的第一动力。新发展格局下，传统的要素驱动、投资驱动渐趋乏力、渐成瓶颈。淘汰落后动能，提升传统旧动能，培育新动能，才能后发赶超。近年来，聊城市实施创新驱动发展战略，全面深化科技

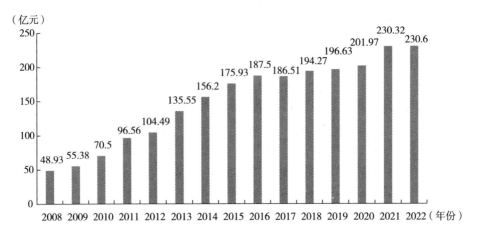

图 3-2　2008—2022 年聊城市公共预算收入

体制改革，积极开展创新型城市建设，聚力培育创新型企业，加快建设各类创新载体，推动以科技创新为核心的全面创新，营造有利于创新驱动发展的市场环境和社会环境。创新要素加快集聚。全社会研发投入占 GDP 比重超过 3%，创历史新高。净增科技型中小企业 170 家、高新技术企业 200 家以上，增量均为历年最多。新增省级以上创新平台 21 家，专利授权量增长 15%。聊城的山东省大学科技园成功获批。出台人才新政 35 条、青年首套住房政策，评选首届"水城英才"24 名，引进高层次人才和外国专家 74 人、高校毕业生 3 万人，创新动能更加充沛。聊城市规模以上工业企业研发经费支出占全市研发经费支出的比重一直在 95% 左右，有研发活动的规模以上工业企业数占全市有研发活动单位数的比例保持在 90% 左右；企业 R&D 人员占全市 R&D 人员比重稳步增长。

（三）坚持协调发展，增强区域经济发展整体性

依托国家战略，促进区域协调发展。扎实落实黄河流域生态保护和高质量发展重大国家战略，印发了规划、决定、工作要点，建立了推进机制；对沿黄重点地区工业项目起底摸排，争取东阿经济开发区、阳谷经济开发区列入合规工业园区。深度融入省会经济圈一体化发展，初步争取茌平、东阿纳入《济南都市圈方案》（以下简称《方案》），《方案》已报国家发改委审核。抢抓新一轮鲁西崛起机遇，争取 33 条有利聊城市事项列入山东省三年行动计

划。抓好县域经济发展，东阿荣获县域经济高质量发展进步县，冠县、茌平入选乡镇商贸中心建设引领县。

产业结构、产业层次明显提升。2022 年第一产业增加值 400.11 亿元，比上年增长 5.5%；第二产业增加值 1044.48 亿元，比上年增长 4.9%；第三产业增加值 1335.26 亿元，比上年增长 3.5%。三大产业比例由 2021 年的14.2：36.6：49.2 调整为 2022 年的 14.4：37.6：48，第一产业比重上升了 0.2 个百分点，第二产业比重上升了 1 个百分点，第三产业比重下降了 1.2 个百分点，"四新"经济增加值增长 13.7%，占 GDP 比重达到 34.2%；高新技术产业产值占规模以上工业比重达到 51.9%；高技术产业投资增长 90%；现代服务业增加值增长 3.9%，产业结构进一步优化，如图 3-3 所示。

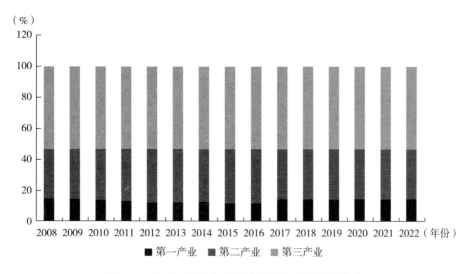

图 3-3　2008—2022 年聊城市地区生产总产值构成

1. 有力推进乡村振兴，现代农业快速发展

乡村振兴步伐进一步加快，聊城市粮食总产量超过 113 亿斤，实现了"二十连丰"，建成高标准农田 64 万亩，粮食生产实现面积、单产、总产"三增"。新增规模以上农产品加工企业 10 家，营收增长 10%。新增全国名特优新农产品 10 个、"三品一标"118 个，"聊·胜一筹！"产品销售额突破 100亿元，"聊城新三宝"品牌成功推出。阳谷入选国家农业绿色发展先行区，莘县成功创建国家小麦制种大县、农业现代化示范区，高唐获批全国农民合作

社质量提升整县推进试点重点县。新增省级示范社 131 家，农业生产托管面积超 500 万亩，全国"农服进万家"系列活动在高唐举办。农村网络零售额突破 65 亿元，冠县、东阿入选全国农产品数字化百强县，茌平入选全国县域流通服务网络强县。农村人均可支配收入增长 6.3%，高于城镇 2 个百分点，乡村老百姓的日子越过越红火。

2. 工业经济体系逐渐完整，发展质量持续提升

党的十八大以来，聊城市工业保持较快增长，制造业强市全面起势。2022 年，聊城市抓实做优"链长制"，实施"助企远航行动"，集中打造 20 个产业集群，新增省"十强"产业"雁阵形"集群 3 个、特色产业集群 2 个，新增国家级专精特新"小巨人"企业 8 家、单项冠军 2 家，新增省级专精特新企业 120 家、单项冠军 23 家，是 2021 年的 3 倍。嘉华股份成功上市，2 家企业上市申请获证监会受理。建成工业互联网标识解析二级节点 2 个，培育省级智能工厂、数字化车间 11 家。设立"聊城企业家日"，表彰首批 101 位优秀企业家，尊商重商氛围更加浓厚。目前，聊城已建立比较完整的工业经济体系。在全国 41 个工业大类产品中，聊城有 29 个，多种工业产品产量或产能在全国占有重要地位。电解铝、轴承、化肥、阿胶、保持器、钢球、蜡染布、钢管、农用车、新能源客车、金属板材等 20 多种主要工业产品产量位居全国前列。有色金属加工、黑色金属加工、汽车制造、机械装备制造、化工、农副食品加工、纺织等优势产业已成集群之势。2022 年，七大优势产业实现主营业务收入均超过 100 亿元，其中有色金属加工产业达到 1200 亿元，黑色金属加工产业和化工产业达到 600 亿元。目前，有色金属加工产业已形成 158 万吨电解铝、700 万吨氧化铝、160 万吨铝深加工、45 万吨电解铜、30 万吨铜加工，100 万只汽车轮毂的生产能力。纺织产业已形成 620 万锭的纺纱能力。农副产品加工已形成 30 万吨肉鸡、16 万吨熟制品、10 万吨奶制品的生产能力。汽车及运输设备已形成客车 3 万辆、农用汽车 100 万辆、轻卡汽车 8 万辆、电动车 20 万辆、拖拉机 30 万台、轮胎 880 万套、联合收割机 2 万台的生产能力。黑色金属加工产业的钢管生产能力 600 万吨、板材加工能力 600 万吨。化工产业已形成 400 万吨化工产品、350 万吨化肥产品、60 万吨聚氯乙烯、200 万吨硫酸的生产能力。造纸产业已形成 80 万吨浆、160 万吨机制纸的生产能力。医药产业已形成 3000 吨阿胶、8400 吨阿胶浆、5 亿瓶大输液、3000 万袋软袋大输液的生产能力。新兴产业初具规模，发展加快，新能源和新能源汽车、新材料、生物医药、节能环保等产业产值保持20%以上的较快增长。

3. 疫情期间服务业稳步发展，个别行业发展步伐加快

2022年，受疫情影响，聊城市的服务业受到一定冲击，其中餐饮、文旅、住宿、批发和零售受到的影响较大，但总体稳定。聊城市服务业增加值占全市生产总值比重达51.3%，较上年增长2.6%；批发和零售业、住宿和餐饮业出现负增长，分别比上年下降1.8%、7.5%，但是金融业和房地产业继续保持高速增长，分别比上年增长5%、9%。

（四）坚持绿色发展，增强区域经济发展可持续性

聊城市经济要实现弯道取直、后发赶超，高投入、高消耗、高污染的传统发展方式已不可持续，坚持绿色发展是持续发展的必要条件，牢牢守住发展和生态两条底线。环境污染与聊城市的产业结构不合理和创新能力有极大关系。2022年，聊城市不断淘汰落后产能，严格控制污染产业投资比重，大力推进绿色低碳发展，分类处置"两高"项目，可再生能源装机容量增长35.3%，全国首家黄河流域区域计量测试中心落户聊城市。开展生态环境大改善攻坚行动，PM2.5同比改善6.7%，优良天数超过250天；国控考核断面全部达标，建成美丽幸福河湖450条。完成造林5800余亩，新建完善农田林网8.9万亩，冠县入选国家全域森林康养试点建设县。严把项目准入关，坚决把"三高一低"项目拒之门外，能源利用效率大幅提升，节能减排目标全面完成，清洁低碳、安全高效能源体系加快构建。深入落实黄河重大国家战略，全方位贯彻"四水四定"原则，实施黄河沿岸生态修复工程，打造绿色生态廊道，保障黄河长治久安。

（五）坚持改革开路、开放纳新，着力打造"鲁西崛起"新高地

重点领域改革持续深化。探索形成国家级改革成果147项。国企改革三年行动圆满收官，市属企业营收增幅居全省第2位。首推歇业帮扶、"一件事"集成服务，470个事项实现跨域办。"无证明城市"加快建设，1360个事项实现免证办。退税减税降费89.8亿元，惠及市场主体21万户。城市信用全国排名实现大幅跃升。阳谷获评全省民营经济高质量发展先进县，东阿获评全省高质量发展进步县。对外开放不断扩大。新签约5亿元以上项目83个，招商引资到位资金420亿元，制造业外资增长超过50%，日韩资实现翻

番。新增进出口实绩企业 260 家，对"一带一路"和 RCEP 国家进出口增长超过 30%。中国（聊城）跨境电商综合试验区获批，临清鲁西国际陆港海关监管场站启用，全国首个商事认证自助办理中心落户聊城市。中国—太平洋岛国应对气候变化合作中心挂牌运行。

（六）坚持共享发展，增强区域经济发展公平性

让广大人民群众共享改革发展成果，是社会主义的本质要求。发展聊城市经济，最终是为了强市富民，增进人民福祉。集中力量抓好普惠性、基础性、兜底性民生建设，2022 年聊城市民生支出达到 401.9 亿元，占比 78.1%，部分重点领域民生支出实现快速增长，社会保障和就业支出 93.6 亿元，增长 19.9%，卫生健康支出 64.9 亿元，增长 12.3%，保障性安居工程支出 14.8 亿元，增长 82.9%。城镇新增就业 4.4 万人，完成全年目标 109.9%。其中，城镇失业人员再就业 1.2 万人，就业困难人员就业 3929 人。全体居民人均纯收入 25863 元，比上年增长 5.5%。其中，城镇居民人均可支配收入 33778 元，比上年增长 4.7%；农村居民人均纯收入 18674 元，比上年增长 6.6%。农村居民收入增速快于城镇居民 1.9 个百分点，城乡居民收入比由上年的 1.84 降至 1.81，城乡居民收入差距继续缩小（见图 3-4）。

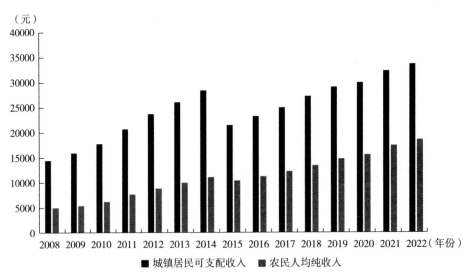

图 3-4　2008—2022 年聊城市城镇居民可支配收入和农民人均纯收入

（七）城市交通设施持续完善，区域经济发展联动性不断加强

近年来，聊城市始终坚持改革开路、开放纳新，着力打造"鲁西崛起"新高地，以建设成为区域性综合交通枢纽城市为目标，把交通基础设施建设列为"新时代兴聊十大工程"重要内容。交通基础设施建设实现历史性突破，高速公路实现县县通，济聊高速聊城西立交改建完工，东阿至阳谷高速、德上高速临清连接线开工建设，东阿至东平黄河大桥建成通车，聊泰铁路黄河公铁桥加快建设；济郑高铁全线铺轨，雄商高铁正式开工，"十"字形高铁大通道加速形成。聊城机场加快推进，聊城区域性综合交通枢纽地位正加速形成，未来将实现半小时到济南、80 分钟到北京、3 小时到上海的便捷出行。未来，聊城市的区位优势将逐渐凸显，将为聊城市经济发展拓展更大的空间。

二　2022 年聊城市经济发展中存在的问题与困难

聊城市在取得成绩的同时，在经济发展过程中也存在不少问题与困难。经济总量与山东省其他地级市相比仍然较小，经济下行压力依然较大；工业结构还不合理，产品技术含量和附加值低；新旧动能转换不畅，支持创新创业的体制机制还不健全；交通基础设施、高新人才、技术、制度等要素还处于低端水平，扩大有效投资、推进产业升级面临瓶颈制约；防范风险压力加大，化解金融风险、改善民生压力加大；节能减排压力较大，大气污染防治尚未摆脱被动局面；部分干部思想解放程度和作风转变力度不够大，担当作为、开拓进取的劲头不足等。

（一）经济发展的质量及创新驱动能力的水平亟须进一步提升

从表 3-1 可以看出，尽管 2022 年聊城市经济运行态势良好，但与山东省内其他地级市相比，还有较大差距。2022 年，聊城市生产总值 2279.85 亿元，增长 4.3%，高于山东省平均值 0.4 个百分点；GDP、GDP 增速和人均 GDP 分别在山东省排名第 14、第 6、第 16。在总量方面，聊城市与前列城市的差距还较大，但增速比较快，处于全省前列，人均 GDP 较低。由于土地、资源、环境等因素约束加剧，投资和出口拉动边际效益递减等各种因素的叠加，

受产能过剩和市场有效需求不足的影响，传统产业发展空间受到挤压，新兴产业尚在培育中，工业面临转型升级的困境，工业经济对国民经济增长的支撑作用逐步减弱，加之新的经济增长点还在培育过程中，因此聊城市经济处于增速趋缓的发展阶段。与其他先进地级市相比，聊城市经济发展的质量及创新驱动能力的水平还存在不小差距，转方式、调结构、经济下行的压力较大，加快发展的任务仍然十分艰巨。

表 3-1　2022 年山东 16 个地级市 GDP、GDP 增速、人均 GDP

地级市	GDP （亿元）	GDP 增速 （%）	2022 年末常住人口 （万人）	人均 GDP （元）
青岛	14920.75	3.9	1034.21	145473.20
济南	12027.50	3.1	941.47	128829.30
烟台	9515.86	5.1	705.87	133986.60
潍坊	7306.50	3.7	941.77	77728.72
临沂	5778.50	4.2	1099.31	52444.09
济宁	5316.90	4.4	829.06	63774.74
淄博	4402.60	4.7	470.59	93497.28
菏泽	4250.34	4.2	868.32	48673.22
德州	3633.10	4.4	557.49	64876.79
东营	3620.74	4.3	220.90	163908.60
威海	3408.18	1.5	291.78	116934.70
泰安	3198.10	4.3	540.10	58442.67
滨州	2975.15	3.9	391.86	75923.80
聊城	2779.85	4.3	590.26	46894.35
日照	2306.77	3.8	296.83	77624.59
枣庄	2039.04	4.5	382.97	52919.47

（二）产品的结构、技术含量和附加值亟待进一步提升

2022 年，虽然第三产业比重超过第二产业比重，但是主导产业还是以重工业为主，如铜、铝、化工产业，这种产业特征与山东省产业结构类似。产业结构本身没有优劣之分，只有合理不合理之分，与地区生产要素和资源禀赋相匹配的产业结构就是合理的。聊城市产业结构主要存在以下几个问题：一是工业发展的总体水平还不适应新的形势。工业基础还比较薄弱，高新技术产品还比较少，产业链条还比较短，有大企业但没有大品牌，有大制造但没有大研发，主要表现为产品档次低，投资项目少，投资规模不大，项目科技含量不高。二是结构调整进展慢。传统产品多，支农产品多，高附加值产品少，高创税产品少。其主要表现为产业结构层次较低，产品附加值低，企业技术创新能力不强，抗风险能力较差。三是企业资金紧张，融资渠道单一。企业融资渠道窄，直接融资渠道不畅，在一定程度上影响工业的发展。四是人才匮乏制约产业发展。产业技术人才少，尤其是高层次、复合型的专业技术人才和从事制造加工工艺的专门人才严重短缺，对聊城市发展形成了一定的制约作用。五是部分企业管理基础还存在薄弱环节，个别企业内部机制僵化，内控制度不健全。六是高耗能、高排放产业比重大，节能减排任务艰巨。聊城市资源型产业发展较快、比重较大。目前，资源型产业占全市工业的比重达到 40% 以上，主要有电力、有色金属、黑色金属、化工、造纸等行业。内生型产业比重达到 10% 以上，中小企业比重在 70% 以上。七是企业开拓国际国内两个市场的力度有待进一步加大，利用两种资源的能力有待进一步提高，对外开放还存在薄弱环节。八是工业发展环境有待进一步改善。

（三）产业创新生态系统亟须进一步健全

聊城市主导产业大多以产业集群的形式聚集，这些产业的规模、成本优势比较明显，但是与互联网和现代科学技术的融合度不高，智能化、信息化发展不充分，研发力量比较薄弱，创新能力有待进一步加强。聊城市研发经费支出、研发人员数量有所增加，但聊城市缺乏国内国际一流高校，两院院士、长江学者、杰出青年等高端科技人才规模远落后于国内一线城市。聊城市创新能力仍然偏弱，未形成健全的产业创新生态系统，大部分产品缺乏自主知识产权和核心技术，叫得响的品牌还不多，没有形成核心竞争力，大部

分企业的研发机构和研发力量还不足，研发经费占销售收入的比重不高，高新技术企业的产品比重还比较低，创新成果不多。

（四）节能减排压力依然较大

环境污染与聊城市的产业结构不合理和创新能力不强有极大关系。虽然近年来，聊城市环境质量得到了一定改善，但聊城市能耗、土地、环境容量承载压力仍然较大，环境安全形势还比较严峻。2022 年，聊城环境空气质量综合指数 4.67，全省排名第 14 位，优良天数比例为 68.5%，全省排名第 10 位。细颗粒物 PM2.5 为 $74\mu g/m^3$，改善排名全省第 15 位。从山东省生态环境厅公布的 16 个地级市环境质量排名来看，聊城市二氧化氮（NO2）排放量、细颗粒物（PM2.5）、可吸入颗粒物（PM10）、二氧化硫（SO2）排放排名指标依然靠后。总体来看，聊城市环境污染仍然比较严重，节能减排压力依然较大。

（五）防范金融风险的压力较大

虽然聊城市一直在优化经济发展环境，破解企业融资难、融资贵难题，成立聊城市金融风险防控处置办公室，化解县市区的金融风险，但是聊城市企业担保圈、非法集资、企业逃废债行为、银行金融机构不诚信行为等问题依然存在，金融生态环境亟待进一步优化。

三　聊城市经济发展趋势与政策建议

（一）2023 年聊城市经济发展趋势

2023 年，国内外形势仍存在很多不稳定性、不确定性因素，形势更趋复杂、严峻。从外部形势来看，俄乌冲突及其引发的美国、欧盟等对俄罗斯的制裁、贸易保护主义抬头给国际形势带来了诸多不确定性，经济复苏和增长仍面临不确定性因素。从内部形势来看，我国经济发展面临需求收缩、供给冲击、预期转弱等压力。国内外形势变化带来了很多危机，在世界局势深度调整中，也蕴藏着诸多机遇。在新发展格局下，我国正在推进现代化建设，实现高质量发展，实现全体人民共同富裕，促进人与自然和谐共生，创造人类文明新形态。聊城市经济正处于新旧动能转换、数字经济转型的过程中，面临着艰巨的任务。

在这种背景下，2023年聊城市经济发展主要有以下五个发展趋势：一是创新将成为未来各行各业的发展动力，要在创新要素和创新生态系统上下功夫；二是经济将继续从速度规模型向质量效益型发展，高质量发展将成为未来很长一段时间的发展主题；三是绿色发展已经成为经济发展的主要趋势，也成为了不可触碰的高压线，经济发展要向绿色发展转型；四是随着新技术革命和工业革命进程的加快，产业数字化和数字产业化将成为聊城市经济发展的主要趋势；五是在推进中国式现代化背景下，开启建设加速崛起的富强新聊城、敢为人先的创新新聊城、近悦远来的开放新聊城、时尚宜居的美丽新聊城、安定和谐的幸福新聊城、昂扬向上的奋进新聊城"的"六个新聊城"的社会主义现代化的新征程。

预计到2023年，聊城市经济发展速度、居民人均可支配收入、公共预算收入将维持5%以上的增长速度，居民消费价格涨幅控制在3%以内，城镇登记失业率维持在5%以内，固定资产投资增长率维持在10%以上，社会消费品零售总额增长率维持在6%以上，外贸进出口总额增长率维持在8%以上，实际使用外资增长率维持在12%以上。

（二）2023年聊城市经济发展建议

技术、资本、劳动力和制度等是促进经济发展的重要要素。"创新、协调、绿色、开放、共享"五大发展理念是聊城市经济发展行动的先导和引领，聊城市在第十四次党代会上提出建设"六个新聊城"，"六个新聊城"是相互联系的有机整体，是五大新发展理念指导下的"聊城实践"。为了促进2023年聊城市经济发展，围绕以上几个要素提出以下发展建议。

1. 进一步优化营商环境，壮大"六个新聊城"建设主体

在当前经济形势复杂且不确定因素较多的情况下，建设"六个新聊城"的主体是企业，要树立"企业是经济发展的主体和基础，市场主体强则经济强，有强企才有强市，政府要优化营商环境，做好服务"的理念。2022年，聊城新增市场主体9.65万户。这些市场主体是聊城经济活动的主要参与者、就业机会的主要提供者、技术进步的主要推动者，为促进社会经济高质量发展注入了新动力。经验告诉我们：政企必须形成合力、良性互动，才能实现跨越式赶超。为了保护和激发这些市场主体活力，政府应不断优化营商环境，充分尊重市场主体，为市场主体营造良好的服务环境。第一，要突出市场主体和企业家的经济主体地位，激发优秀企业家的创业激情和发展欲望，营造新型"亲""清"政商关系，领导干部坦荡、真诚、清白、纯洁地与企业家交往，企业与政府积极主动交流。第二，政府应从"干预"转向"服务"，健全对公务人员的考核监督机制，树立"店小二"的服务精神，精准服务。切实减少审批事项、审批时间、审批环节，进一步制定政务服务标准，提高服务效率，杜绝服务人员"吃拿卡要"行为，建立互联网反馈渠道等。第三，进一步提升干部的经济治理能力，主动服务，打破制约企业、产业快速发展的瓶颈，全力以赴为企业的爆发式增长创造最佳的条件和环境。

2. 坚持创新驱动经济发展战略，构建创新生态系统

当前，聊城市经济正处于新旧动能转换期、速度规模型向质量效益型转换期、追赶型向领先型转换期。在这种背景下，聊城市经济发展必须坚持创新驱动战略，积极探索和实践主要依靠科技进步、劳动者素质和管理创新的"领先+聚集"的新发展模式和路径，在创新中领先，在领先中聚集各种要素，靠技术和规模在市场竞争中取胜。实施创新驱动战略需要聚集各种领先要素，构建创新生态系统。创新生态系统是一个以企业为主体，以大学、科研机构、政府、金融等中介服务机构为系统要素载体的复杂网络结构，通过组织间的网络协作，深入整合人力、技术、信息、资本等创新要素，实现创新因子有效汇聚，为网络中各个主体带来价值创造，实现各个主体的可持续发展。因此，要打造创新生态系统，必须着力在打造创新平台方面实现新提升，着力在发挥企业创新主体作用方面实现新提升，着力在引进创新人才方面实现新提升。一是依托科技创新等创新资源，加强市级以上创新平台建设，争取在电子信息等产业领域新建一批市级以上创新平台。强化与高校、科研院所等进行产学研一体化合作。深化技术攻关、科技金融、成果转化等领域的协同创新，打造一批产学研金服用平台。持续加大孵化器及众创空间的引育力度，打造"众创空间—孵化器—加速器—产业园区"孵化链条，助推科创型中小微企业快速成长。二是着力在发挥企业创新主体作用方面实现新提升。强化企业创新主体意识，引导企业加大研发力度，走"专精特新"发展之路。三是着力在引进创新人才方面实现新提升。充分发挥聊城产业技术研究院、聊城大学等科研机构的平台作用，利用产学研平台聚集创新要素，利用"双招双引"活动,进一步吸引高层次人才、专家、青年人才回聊城创业就业。打造新概念人才社区,建立健全人才保障与激励政策措施,切实营造良好的创业环境和一流的人才生态,为聊城经济高质量发展注入源头活水。

3. 做好产业链长制,进一步固链、补链、延链、强链

聊城市以实体经济为主的产业结构既是特点也是优势,是由聊城市的自然禀赋、长期的基础积累所决定的,是基本合理的。生产要素决定产业结构,要素质量决定产业质量。产业结构只有合理与否,与要素结构是否匹配,没有高低升级之说,产业升级取决于要素升级。聊城市部分传统制造业优势明显,如有色冶金、化工、纺织、机械制造等,在全国占据重要地位。虽然这些制造业属于传统制造业,但是具有一定优势,应利用先进的技术、工艺、业态、观念、管理和体制,改造提升传统制造业。在改造提升过程中,自然发展出新的更先进的产业。例如,用先进信息技术和数字化改造传统产业,既发展了数字化产业,也实现了产业数字化,提升了制造业发展水平。一是实施链长制。链长制是有为政府与有效市场相结合的一种有效机制,能够使产业链上下游企业形成竞合关系,实现产业链、价值链、创新链、资金链和人才链之间的有机融合。聊城市在摸清制造业实际的基础上,围绕制造业核心产业链,着力培养建链、强链、延链、补链"链式思维",强化产业上下游延伸、左右链配套,不断拉长产业链条,提升聊城市制造业产业链现代化水平。二是坚持制造业强市战略。聚焦制造业十大重点产业,进一步巩固和加强产业链的优势,同时招商引资补链、延链,使产业链向研发设计、销售服务环节延伸,促进制造业产业链升级,构建现代化产业体系。三是加强聊城市制造业关键共性技术攻关,着力促进产业链各环节市场主体之间的协同创新。鼓励各类企业与国内外高校、科研院所合作进行应用研究和二次开发,着力攻克产业发展重点领域的共性技术、核心技术、关键技术与产业化瓶颈,以关键技术产业化带动提升产业链现代化水平。

4. 大力发展数字经济,推进产业数字化

在新一代数字技术推动下,全球加速迈进数字经济时代。数字产业化和产业数字化是数字经济的两大内容,在互联网、大数据、云计算、人工智能、区块链等数字产业快速发展的同时,涉及产业领域更多、市场规模更大、结构层次更深的产业数字化也在如火如荼推进,成为数字经济未来发展的重要方向。在新冠疫情严重冲击全球经济的背景下,越来越多的产业通过加快数字化转型，推动数字技术和实体经济深度融合，从而获得新发展动力。在数字经济时代，聊城市传统产业亟待利用信息技术和互联网技术改造提升。一是加强研发、生产制造、管理和销售的数字化建设。数据是关键生产要素，数据本身具有经济价值，能提高资源利用效率，直接带来经济效益。通过加强企业生产现场设备的数据整合，利用工业互联网平台，加快向智能制造转变；利用大数据精准感知消费者需求，促进基于消费者需求和消费者参与的数据和创新设计，向研发环节延伸，提高研发效率；利用生产过程的大数据，优化生产流程，加强设备管理，提高产品质量，降低能源消耗，提升经营管理效率；打通售前、售中、售后的数据链条，打造基于客户服务环节大数据的新型营销模式。二是加强企业利用工业互联网对制造业微笑曲线的整合。引导企业利用工业互联网、大数据整合研发设计、生产制造、营销、服务、企业管理等价值链环节，促进企业向智能化生产、网络化协同、个性化定制和服务化延伸模式转变。

5. 大力弘扬企业家精神，激发市场主体活力

经济发展的动力来源于市场主体，也就是企业活力，而企业成功的关键是企业家。因此，发展和壮大企业家队伍，发挥企业家精神是激发经济活力的有效路径。一要搭建更为广泛的"亲清"政企互动载体，加强政府与企业点对点、面对面、心贴心的沟通交流。通过"亲清会客厅"、企业家晚餐会、茶话会、座谈会等多种形式，共谋发展大计，共话聊城经济高质量发展。二要激发企业家精神。企业家作为创新发展的探索者、组织者、引领者，其重要功能是组织创新、技术创新、市场创新和理念创新。创业激情和发展欲望是企业家具备的重要特质，各级政府部门要换位思考，设身处地帮助企业家解决问题和困难。三要完善激励机制，充分调动企业家的积极性。对于优秀企业家，不但要重视物质奖励，还要重视政治奖励、事业奖励与精神奖励，使他们充分得到社会的肯定和自我价值实现所带来的成就感。四要大力弘扬企业家精神，营造浓厚的节日氛围。发挥主流媒体宣传报道主力军的作用，围绕弘扬企业家精神主题，通过开辟专版专栏、撰写系列评论文章、跟踪报道"聊城企业家日"主题活动、展示优秀企业家风采等，开展集中宣传报道。

第二篇　数字经济理论篇

第四章　中国数字经济发展：现状、趋势与问题

　　近年来，数字经济在深度和广度上都实现了高速发展，正在从根本上对现代产业体系进行重塑。习近平在中共中央政治局第三十四次集体学习时强调，要充分发挥海量数据和丰富应用场景优势，促进数字技术与实体经济深度融合，赋能传统产业转型升级，催生新产业新业态新模式，不断做强做优做大我国数字经济。我国数字经济在过去发展成就的基础上，在技术革命、产业转型升级和疫情冲击的多重作用下，正在面临新的发展阶段和新的趋势，也出现了一些有待解决的问题。

一　中国数字经济发展现状分析

1. 数字经济的概念与范围

　　数字经济是一个内涵较为丰富的概念，其涵盖的范围在不同语境下有所差异。2016 年，二十国集团领导人杭州峰会通过的《二十国集团数字经济发展与合作倡议》提出，数字经济是指以数字化的知识和信息为关键生产要素，以现代信息网络为重要载体，以信息通信技术的有效使用为效率提升和经济

结构优化的重要推动力的一系列经济活动。类似地，中国信息通信研究院发布的《中国数字经济发展白皮书（2022年）》提出，数字经济是指以数字化的知识和信息为关键生产要素，以数字技术为核心驱动力量，以现代信息网络为重要载体，通过数字技术与实体经济深度融合，不断提高经济社会的数字化、网络化、智能化水平，加速重构经济发展与治理模式的新型经济形态。《"十四五"数字经济发展规划》指出，数字经济是继农业经济、工业经济之后的主要经济形态，是以数据资源为关键要素，以现代信息网络为主要载体，以信息通信技术融合应用、全要素数字化转型为重要推动力，促进公平与效率更加统一的新经济形态。

综合以上定义，不难看出，关于数字经济的概念，各国政府、研究机构就数字经济中的关键生产要素、重要载体和核心技术等已基本达成共识，而在我国，数字经济还被赋予了更丰富的含义，如与实体经济的融合、对公平与效率统一的促进等。从概念中不仅可以看出构成数字经济的基本要素，还可以看出我国数字经济发展所面临的阶段、所要解决的问题。

在所包含的范围内，数字经济通常被分为数字产业化和产业数字化两部分，前者包括互联网、软件等传统上被视为数字经济的核心产业，是因数字技术的商业化应用所直接产生的行业；后者则主要指涉及传统产业数字化改造的相关行业，是数字经济赋能传统产业、实现与实体经济深度融合、拉动产业体系整体转型升级所催生的经济活动。从具体的行业分类上看，根据国家统计局2021年5月发布的《数字经济及其核心产业统计分类（2021）》，数字经济产业范围包括数字产品制造业、数字产品服务业、数字技术应用业、数字要素驱动业、数字化效率提升业五个大类，其中前四个大类为数字经济核心产业，即为产业数字化发展提供数字技术、产品、服务、基础设施和解决方案，以及完全依赖数字技术、数据要素的各类经济活动。

2. 我国数字经济发展概况

据中国信息通信研究院的数据，从我国数字经济的整体发展情况来看，2021年其规模达到45.5万亿元，较"十三五"初期增长了一倍多，同比名义增长16.2%，高于同期GDP名义增速3.4个百分点，占GDP比重达39.8%，较"十三五"初期提升了9.6个百分点。特别是在新冠疫情发生后，数字经济不但从大数据排查、物资配送等方面为疫情防控做出了重要贡献，而且也以其高速增长发挥了宏观经济"压舱石"的作用。从各地数字经济发展情况来看，2021 年有 16 个省市区的数字经济规模突破 1 万亿元，在北京、上海、天津等省市，数字经济在 GDP 中的占比已超过 50%，成为拉动地区经济发展的主导力量，贵州、重庆的数字经济同比增速超过 20%。

从数字产业化的角度出发，我国数字经济能够获得这种高速发展，与我国数字化转型进程中所产生的丰富应用场景具有密不可分的关系。正是众多新模式、新业态的涌现保障了我国数字经济的发展速度，并催生了一批对提高资源配置效率起到关键性作用的数字平台企业，如腾讯、阿里巴巴、抖音等，其中抖音所推出的国际版产品 Tik Tok 还成为当前全球非常流行的短视频平台。由于我国经济增速的整体下滑和国际形势的变化等，目前我国平台经济发展开始面临一些困境。中国信息通信研究院发布的《平台经济发展观察报告（2022）》数据显示，2021 年，我国平台企业营收总体保持快速增长态势，但下半年营收和利润出现明显下行压力。截至 2021 年底，我国平台企业的数量和市值规模双双下降，市场价值 10 亿美元以上的平台企业共 182 家，同比减少 15 家，市值规模为 2.75 万亿美元左右的平台企业同比下降 21.5%。尽管如此，我国仍是仅次于美国的平台经济引领者。我国市值 100 亿美元以上的大型互联网平台企业共 31 家，在全球大型互联网平台企业数量中的占比为 36.5%；市值规模为 2.4 万亿美元左右的大型互联网平台企业在全球大型互联网平台企业总市值中的比重为 18.2%。

从产业数字化的角度出发，工业互联网成为现阶段我国产业数字化转型的核心渠道，外延更为广泛的产业互联网也开始加速发展。《中国数字经济发展报告（2022）》显示，目前，我国已培育规模较大的工业互联网平台超过150 家，服务的工业企业超过 160 万家，覆盖原材料、消费品、装备等 31 个工业重点门类、45 个国民经济大类。就总体投入来看，根据 J-RAS 方法对各省份投入产出表进行推演可得，2021 年我国 31 个省级行政单位（不含港澳台）第二产业的数字化投入为 7.6 万亿元，远超第三产业的 2.8 万亿元和第一产业的 183.7 亿元。从增长幅度来看，则是第三产业占据优势，与 2007 年相比，第三产业数字化投入增加 2.68 倍，高于第二产业的 1.63 倍和第一产业的 0.77 倍。

3. 我国数字经济发展成就的原因分析

我国在过去一个阶段数字经济发展获得巨大成就，成为全球该领域内的引领国家之一。究其原因，主要包括以下几方面：

一是从需求侧来看，数字化技术充分释放我国国内市场消费能力。我国过去发展速度最快、目前已趋于成熟的主要是消费互联网，而支撑消费互联网快速发展的基本拉动力是我国的内需体系，即"国内国际双循环"中的"国内循环"。自改革开放以来，我国居民收入水平显著提升，但由于人口基数巨大，城乡之间、东西部之间收入差异普遍存在，并且信息不对称等市场失灵现象较为严重，因此消费需求多样化是传统经济形态中的供需匹配机制难以充分满足的，造成大量潜在需求未能被有效挖掘。数字经济通过促进信息的流通，大大缓解了市场机制中的信息不对称等市场失灵问题，有效提升了供需匹配能力和资源配置效率。以网约车市场为例，网约车平台使闲置的私家车资源得到有效利用，并为具有不同支付意愿和支付能力的消费者提供了专车、优享、快车、拼车等不同档次的服务，还通过算法的调度缓解了高峰期热点区域的供需缺口，使得出行市场的市场绩效得到空前提升。

二是从供给侧来看，"互联网+"行动计划、"大众创业、万众创新"等政策有效促进了数字技术的商业化应用。移动互联网技术的普及和相应基础设施的大规模建设为数字经济与实体经济的深度融合提供了基础和保障，在此前提下，我国于2015年推出"互联网+"行动计划，并在政府工作报告中重点强调了"大众创业、万众创新"，促使数字经济领域涌现出了大量的新模式、新业态。这些新模式、新业态不仅挖掘和满足了我国消费者的潜在需求，也创造了大量的就业岗位，同时倒逼上游供应商进行技术革新和配套创新，使制造企业由流水线生产向柔性制造，乃至个性化定制等智能制造模式转型，为工业互联网、产业互联网的发展奠定了基础。

三是从生态体系建设来看，我国资本市场改革、创业孵化体系建设等都为数字经济的持续健康发展提供了支撑。在资本市场方面，2000年我国监管部门允许新浪利用VIE架构进行美股上市，国内的A股市场则于2004年设立中小板，2009年设立创业板，2019年设立科创板，2021年设立北京证券交易所，逐渐放松对企业IPO的门槛要求，进而在部分板块和交易所实现注册制，取消盈利限制，接受同股不同权企业上市，这些制度建设通过不断丰富多元化的退出渠道为我国数字经济创业投资的繁荣提供了前提和基础。在创业孵化方面，随着2015年3月《国务院办公厅关于发展众创空间推进大众创新创业的指导意见》、2018年12月《科技企业孵化器管理办法》等一系列政策文件的印发，我国逐渐形成"众创空间—孵化器—加速器"的三级孵化链条，其中众创空间重点关注数字经济企业由创业者、创业团队向初创企业的转变进程，孵化器则帮助创业公司完成其产品由早期原型到形成最小化可行产品并获得一定市场前景的演变过程，再由加速器帮助创业公司实现进一步的高速增长。

二 中国数字经济未来趋势研判

1. 重点领域：由消费互联网转向产业互联网

在多年的高速增长后，我国流量红利逐渐见顶，据中国互联网络信息中心（CNNIC）发布的第 49 次《中国互联网络发展状况统计报告》显示，截至 2021 年 12 月，我国网民规模达 10.32 亿，互联网普及率达 73.0%。在此背景下，消费互联网的发展逐渐进入瓶颈，各大型互联网平台企业增速纷纷放缓。近年来，快速发展的拼多多甚至在用户规模上出现下滑，其在 2021 年第四季度的月活用户为 7.334 亿，相比第三季度的 7.415 亿减少了 810 万。考虑到拼多多主要面向下沉市场，其用户规模增长的停滞乃至倒退充分说明我国消费互联网的潜力已被挖掘殆尽。

因此，各大企业纷纷转向产业互联网领域。根据腾讯发布的 2021 年第四季度财报，to B 业务实现收入 479.58 亿元，同比增长 25%，总收入占比提升至 33%，首次超过游戏板块，成为腾讯的第一大收入来源，这表明其自 2018 年起在产业互联网领域的发力初见成效。阿里巴巴也于 2019 年推出阿里商业操作系统，打通阿里商业场景和阿里云、钉钉等数字化基础设施，进军产业互联网领域，阿里云在 2022 年转亏为盈，实现 13 年以来首次年度盈利。与消费互联网相比，产业互联网更注重科技创新而非商业模式创新，从供给侧入手改造研发、生产、交易、流通和融资等各个环节，打通产业链上下游，构建成熟的产业生态体系，由此可以更好地赋能实体经济、助推传统产业转型升级，这也是国家重点鼓励的发展方向。

除了第二、第三产业的数字化、网络化转型，数字农业也是产业互联网的重要组成部分。京东于 2021 年发布数字乡村业务全景图，全链路赋能农业升级。拼多多自 2015 年成立以来，连接了 1600 万农户和 8 亿多消费者，其 2020 年农产品订单同比增长超过 100%，GMV 超 2700 亿元，并在 2020 年、2021 年连续举办两届"多多农研科技大赛"，推动智慧农业发展，还荣获了联合国粮农组织颁发的 2022 年度粮农组织创新奖。

2. 发展阶段：由数字化、网络化升级为智能化

新一轮产业革命根据起到核心驱动作用的信息技术差异，可以分为数字化、网络化、智能化三个阶段，三个阶段并不是截然分开的，而是相互交叉、融合发展的。其中，数字化是指信息以数据的形式被存储、传输、交换，并利用计算机技术对其进行高效处理和分析；网络化是指通过互联网、移动互联网、物联网等技术，使由数字化得到的信息等可以通过网络实现互联互通；智能化是指利用人工智能、区块链等技术替代大部分程序化程度较高的劳动，既包括体力劳动，也包括脑力劳动，从而大大降低人力成本，使人类的劳动真正集中于创造性工作。

目前，在我国的数字经济中，消费互联网领域的大部分行业都已基本完成数字化阶段的转型，正处于网络化阶段的成熟期，部分发展较快的行业已进入智能化阶段；产业互联网领域的大部分行业仍处于由数字化向网络化过渡的时期，只有少数行业的龙头企业开始进行智能化探索。从总的趋势来看，目前数字经济由数字化、网络化升级为智能化的整体趋势已经显现。随着数字化、网络化的发展成熟，海量数据不断产生，已经逐渐超过传统数据处理技术的能力，智能化技术的普遍应用已成为必然。

在此背景下，我国在 2017 年制定了《新一代人工智能发展规划》，近年来更是大力推动算力等相关领域的新型基础设施建设，为中小企业的智能化转型提供了硬件基础和保障。据中国信通院数据研究中心测算，2020 年中国人工智能产业规模为 3031 亿元，同比增长 15.1%，高于全球平均增速。从微观层面来看，中国人工智能企业数量位居全球第二，仅次于美国，主要集中于北京、上海、广东、浙江等省市。其中，部分头部企业的技术在全球处于领先地位，如智能语音领域，科大讯飞就拿下多项国际技术竞赛的第一名。

3. 业务布局：由以国内市场为主转为向国际业务发力

我国数字经济在此前一个时期主要以国内市场为主，仅有少数工具类应用在探索"出海"。随着国内流量红利见顶、经济增速放缓，大型平台企业纷纷在国际业务上加大投入和布局，目前已经取得较大成就的有 Tik Tok 等。根据 Sensor Tower 的最新应用排名数据，2021 年，Tik Tok 超过谷歌成为全球访问量最大的互联网网站，海外市场收入约 50 亿美元，同比增长近 4 倍，到 2022 年第一季度其全球月活跃用户已接近 16 亿。

在头部平台中，腾讯、阿里巴巴等企业的海外业务也逐渐取得一定进展。腾讯 2021 年度业绩报告显示，2021 年，腾讯共达成 50 笔国际投资交易，同比增长 43%，主要面向欧洲市场，还包括新加坡、印度、日本、韩国和澳大利亚等十几个国家和地区，涉及游戏、金融、医疗健康等多个领域。腾讯游戏 2021 年底正式推出海外发行品牌 Level Infinite，国际市场的游戏收入同比增长 31%。阿里巴巴的海外投资同比增长 44%，主要布局东南亚电商市场，涉及产业链上的零售、物流等多个领域。阿里巴巴 2022 年第一季度的财报显示，其 2021 年海外活跃消费者总数净增 6400 万，突破 3 亿大关，国际零售业务总订单量同比增长 34%，国际批发业务在阿里巴巴国际站平台上完成的年交易额同比增长 46%。

除国内传统的头部平台外，国际化领域也涌现出一批利用网红经济、精准营销等新模式、新技术，通过对供应链的不断优化调整等方式打造核心竞争力的新型数字经济企业。典型的案例如采取 DTC（Direct To Consumer）模式的快时尚跨境电商网站 SHEIN，根据 APP Annie 的统计数据，SHEIN 的爆发式增长使其在 2021 年 5 月首次超越亚马逊，成为美国安卓和苹果应用商店里下载量最高的购物 APP，全年下载量同比增加了 68%。

三　中国数字经济所面临的问题

1. 经济增速下滑压力传导至数字经济

2022 年，受新冠疫情等因素的影响，我国 GDP 增速持续下滑，国家统计局数据显示，2022 年我国前三季度的 GDP 增速为 3%，相比上年同期 9.8% 的增速下滑 6.8 个百分点。数字经济的发展归根到底无法脱离经济的整体增长而实现，而是以其为基本面，因此基本面的恶化将对我国数字经济的发展产生严重制约。

根据盈利模式的不同，数字经济可分为 to B 业务和 to C 业务两类，前者主要的收入来源为企业付费，后者主要的收入来源为普通消费者付费。在 to B 业务中，一项普遍存在且在很多互联网企业收入中占比较大的业务是互联网广告，广告主自身的盈利情况恶化使互联网广告市场整体承压。QuestMobile 数据显示，2022 年上半年，中国互联网广告市场规模同比下滑 2.3%，广告投放品牌数量同比减少 38.3%。

to C 业务的规模则主要取决于居民的就业和收入水平。以高校毕业生的就业和收入情况为例，据中国人民大学中国就业研究所的测算，2022 年高校毕业生的 CIER 指数（就业市场景气指数）创历史新低，甚至低于 2020 年第一季度；根据智联招聘的数据，2022 届毕业生主动降低就业期待，平均签约月薪 6507 元，较 2021 年的 7395 元下降约 12%。居民就业和收入水平的恶化使数字经济中的 to C 业务增速迅速下滑，以网络零售行业为例，在 2022 年"双十一"大型促销活动中，由于各头部企业并未公布具体数据，因此交易额数据缺乏可信来源，但据国家邮政局监测，2022 年 11 月 1 日至 11 日，全国邮政快递企业共处理快递包裹 42.72 亿件，相比上年同期的 47.76 亿件下降 10.6%，可见网络零售行业的情况不容乐观。

2. 国际形势变化增加我国企业经营不确定性

近年来，我国与美国、印度等国的摩擦加剧，国际形势日趋紧张，给企业经营带来了许多不确定性，特别是在我国数字经济企业发力国际业务的背景下，这一矛盾愈发突出。

中美摩擦给数字经济领域的众多中概股企业带来了退市风险。由于数字经济中的企业往往依靠融资进行迅速扩张，很多优质企业存在盈利情况尚不明朗、同股不同权等情况，因此在科创板等制度改革前，难以在 A 股进行上市融资，故选择在美股上市。近年来，中美之间金融监管制度的冲突成为这些企业经营中重要的风险来源之一。自 2020 年底美国《外国公司问责法案》生效开始，中概股就因中美审计监管目前的合作形式不符合该法案要求，面临摘牌风险。根据美国证券交易委员会发布的信息显示，截至 2022 年 7 月，包括百度、京东、哔哩哔哩、拼多多在内的 159 家中概股企业列入"预摘牌名单"，其中 153 家因无法在限期内证明不具备摘牌条件已被转入确定名单。如果中美监管机构无法就美国监管机构是否可以掌握中概股企业审计底稿等问题达成共识，那么到 2024 年，这些企业都将被摘牌退市。虽然目前我国与美国已经就此问题展开谈判，并取得初步进展，但风险仍未彻底消除。

3. 数据、算法等新要素、新技术的治理体系有待完善

在数字经济中，随着近年来智能化转型进程的推进，人工智能算法得到普遍应用，由于其技术特性，对数据资源的需求和利用效率得到空前提升。因此，数据成为新型核心生产要素，人工智能算法成为新的通用目的技术（GPT）。虽然数据、算法在数字经济产业实践中已经发挥关键性作用，但是相应治理体系仅初步建立，尚有许多需要完善之处。

在数据要素的治理上，虽然我国已经出台了《中华人民共和国数据安全法》《中华人民共和国个人信息保护法》等相关法律法规，但其中的很多重要规定，如《中华人民共和国个人信息保护法》中所规定的个人信息可携带权，仍未明确如何落实，甚至司法实践中的"三重授权"原则还与之相违背，大大阻碍了我国数据要素在企业间的流动。相比于欧盟在 2018 年出台的《通用数据保护条例》，我国的数据要素治理制度还需要诸多细则支撑，且有待实践检验。更为重要的是，我国的数据要素基础制度包括数据产权制度等，目前尚未建立，仍处于研究起草阶段，全国各地建立的大数据交易所等平台机构的发展大多也未能达到预期。此外，在数据跨境流动等领域，国内外的监管制度差异也增加了企业国际化经营的合规成本。

在对算法的治理上，虽然我国在全球主要经济体中首个推出专门性法规《互联网信息服务算法推荐管理规定》，但与欧美国家已经利用传统法律框架对算法监管进行了执法、司法实践相比，我国的算法监管实践经验有所不足，并且关注的重点也存在争议。例如，我国在多部法律法规中都对所谓的"大数据杀熟"，即基于算法的价格歧视进行了禁止，但根据相关经济学研究，"大数据杀熟"只有在完全垄断的市场结构下才有一定的可能产生危害，在大多数情况下是有利于提升经济效率的。相反，在欧美已有实际案例，对竞争具有显著危害的算法合谋，在我国缺乏具有可操作性的监管举措或足够深入的市场调查。此外，与数据治理体系类似的是，《互联网信息服务算法推荐管理规定》的很多规定难以落地，如用户选择或删除标签的权利等。

四　推动中国数字经济规范健康持续发展的建议

1. 完善顶层设计，为数字经济发展营造良好的政策环境

数字经济正在由消费互联网转向产业互联网，由 Web 2.0 转向 Web 3.0，相关创新创业政策、竞争政策乃至法律法规等都需进一步为适应这种转型升级而进行调整，因此需要政府完善顶层设计，从系统性的视角出发，为数字经济发展营造良好的政策环境。

第一，要打造更为多元化的创新生态。一是结合数字经济领域各细分行业的具体特征，出台更为科学合理的创新激励政策，有针对性地对研发补贴、

税收优惠等多种政策工具进行组合运用。二是完善政产学研合作机制，政府有关部门、高等院校和科研机构应共同为科研人员搭建良好的创业平台，积极鼓励和促进学术型创业，使较为前沿的数字技术能够尽快实现产业化应用。三是加强创新创业政策的宣贯和评估反馈机制，确保其符合企业和人才的实际需求，并能够真正落到实处。

第二，营造公平、包容的市场环境。一是增强政策的可预测性，在政策制定过程中充分预判所针对的行业市场乃至投资市场对政策的可能反馈，注重保护市场信心。二是完善和落实公平竞争审查制度，进一步推动全国统一市场建设，特别是产业数字化领域，应着力打击地方保护、区域封锁，行业壁垒、企业垄断、违法给予优惠政策或减损市场主体利益等行为。三是尽快建立完善资本"红绿灯"制度，加快集中推出一批"绿灯"投资案例，为市场化的投资、竞争行为划定边界。

2. 加强科技创新，由实体经济发展的受益者转为拉动者

根据技术革命不同阶段创新活动的特征，在其发展初期应以技术创新为主，迅速实现前沿科技的产业化应用；在其成熟期应以商业模式创新为主，通过配套创新最大化释放新技术的潜在生产力。随着第四次工业革命的兴起，我国需尽快由第三次工业革命成熟期的以商业模式创新为主转向以技术创新为主。

第一，重新定位数字产业化在现代产业体系中的地位和作用。此前，数字产业化主要集中于消费互联网领域，虽然发展迅速，但其本质是依托我国实体经济所建立的生产力，通过自身创造的互联网流量等来获取利润，因此其定位主要是实体经济发展的受益者，会随着实体经济的增速下降而出现下滑现象。只有在互联网与实体经济的深度融合中，在互联网反哺实体经济的领域加大投入，强化数字技术在与实体经济更为直接相关的领域的产业化，才能使数字产业化发挥拉动实体经济发展的作用。

第二，要加强关键数字技术的创新应用，引导资源向技术创新、中小企业创新、与实体经济联系更紧密的创新等进行均衡配置。利用好我国平台经济领域创新活动较为活跃和工业制造业领域产业基础较为雄厚这两大优势，加速由消费互联网向工业/产业互联网转型。具体途径包括：一是支持互联网平台企业充分利用其技术和资源优势，从大数据、云计算、供应链等领域入手转型产业互联网，赋能实体经济；二是鼓励传统制造业企业转型自身所在领域的产业互联网平台，充分发挥自身产业基础优势，带动上下游企业共同完成数字化、网络化、智能化升级。

3. 推动国际合作，建立数字经济领域各国监管协调机制

数字经济是一个全球化发展的经济形态，特别是我国的数字经济在此方面表现出独有的特征。只有各国监管机构能够进行有效协调，才能确保数字经济中企业国际化业务的合规成本控制在合理范围内，从而实现资源的全球化配置。

第一，在金融监管领域，境内监管机构应加强与我国企业上市所在地监管机构的沟通与合作。一是要尽快落实 2022 年 8 月中国证券监督管理委员会、财政部和美国公众公司会计监督委员会（PCAOB）达成的议定书，推动 PCAOB 的重新评估顺利通过，降低中概股企业的退市风险。二是要鼓励、引导中概股企业回归港股市场，降低中美关系不确定性给数字经济带来的潜在风险。三是要优化境外上市企业的信息披露机制，在数据造假等问题上加强与各国家、地区监管机构的沟通和合作，对确有此类问题的企业要加大打击力度，对遭遇恶意做空、恶意集体诉讼的合规企业要提供必要援助。

第二，在竞争监管领域，各国监管机构应就监管制度的创新加强沟通、研讨与相互学习。一是我国应加强对欧美制度创新的研究，结合我国实际情况，辩证借鉴其经验。二是建立和完善对数字平台企业的分级分类管理制度、算法推荐管理制度等，并向各国分享、推广我国制度创新的经验。三是积极组织和参与竞争监管领域的国际论坛和会议，扩大我国在竞争监管领域的国际影响力。

4. 实现常态监管，完善对新要素、 新技术的治理

随着平台经济专项整改工作的基本完成，我国数字经济领域将步入常态化监管的新阶段。在常态化监管阶段，要避免运动式执法，完善相关法律法规，并做到违法必究，使企业对监管要求和执法尺度形成稳定、合理的预期，并优化对数据、算法等新要素、新技术的治理，从而促进数字经济规范健康持续发展。

第一，常态化监管应以监管机构对行业的深刻理解为基础。可学习和借鉴欧盟的平台经济观察站、美国对重点平台的系统性市场调研等监管工具和方法，对我国数字经济领域的重点行业、重点企业进行周期性调研，在调研的过程中及时掌握行业最新的技术应用、商业模式和竞争手段，并进行深入分析，及时发现问题；对于热点争议行为，提醒企业自行调整和改正。

第二，监管机构的执法应更为柔性、透明。在柔性执法方面，建议在反垄断等竞争执法的程序中增加预调查机制，即在正式的立案调查前先对企业进行非正式的调查，给予企业对自身行为进行解释或及时改正的机会。在提升执法的透明度方面，应对重大案件的调查进展进行及时公开，对于争议较大的，可引入公开听证等制度。

第三，对于数据、算法等新要素、新技术，从制度和工具层面完善监管。相关制度的建设应秉承"以监管促发展"的原则，通过监管促进数据要素的最大化流通和算法技术的规范应用，从而充分释放其对生产力的提升作用。在监管工具上，监管机构在短期内可以通过引入外部专家来增强对其的监管力度；在长期内则应建立属于自己的技术人才队伍，创新监管工具，以技术手段对其进行常态化监管。

参考文献

刘志鹏. 中国数字经济创业生态系统的运行机制及绩效研究［D］. 天津：南开大学，2021.

张晓燕. 在美中概股的命运之问［J］. 北大金融评论，2022（4）：59-68.

杜传忠，刘志鹏. 学术型创业企业的创新机制与政策激励效应——基于人工智能产业A股上市公司数据的数值模拟分析［J］. 经济与管理研究，2019，40（6）：119-130.

第五章 产业互联网发展与
"鲍莫尔病"治理

2021年9月26日，国务院副总理刘鹤在世界互联网大会乌镇峰会上发表致辞，指出要克服"鲍莫尔病"和"数字鸿沟"，实现包容性增长。此后，"鲍莫尔病"这一学术术语迅速成为社会各界广泛关注的热点。本章旨在考察"鲍莫尔病"的理论内涵，实证分析其在中国经济中的具体表现，以及数字技术和产业互联网对克服"鲍莫尔病"有何独特价值。

一 "鲍莫尔病"及其在中国的表现

"鲍莫尔病"是美国著名经济学家威廉·鲍莫尔解释非均衡增长时提出的一种理论假说。在鲍莫尔发表的研究成果中，制造业的劳动生产率较高且以特定的速度增长，被称为进步部门；而服务业的劳动生产率较低且基本长期保持不变，被称为停滞部门。进步部门由于劳动生产率不断提高，使得产品单位成本降低或不变，名义工资的较快增长得到产出增加的补偿；而停滞部门虽然劳动生产率保持不变，但是也要求名义工资得到相应的提高，结果就是制造业部门的高增长推动了服务业部门的劳动成本和服务价格的提高，这种现象被称作"鲍莫尔病"。

进一步来看，停滞部门"鲍莫尔病"的程度取决于停滞部门产品的价格需求弹性和收入需求弹性。如果对停滞部门的产品需求是富有价格弹性的，那么消费者将大幅减少对停滞部门产品的消费，从而导致停滞部门逐渐萎缩甚至消失；如果对停滞部门的产品需求缺乏价格弹性，那么价格上升足以补偿因需求减少导致的生产者剩余的减少；此外，停滞部门的产品通常富有收入弹性，名义工资的上升将会导致对停滞部门产品需求的增加并占主导地位；在停滞部门劳动生产率较低且不变的条件下，只有通过提高劳动投入来扩大生产规模，才能满足不断上涨的需求，结果就是劳动力更多地流向停滞部门，停滞部门的就业份额持续扩张，而进步部门的就业份额则不断下降。如果要保持两个部门的实际产出比重不变，那么就需要劳动力越来越多且持续不断地流向停滞部门，从而导致整体经济的增长速度下降，即服务业相对较低的劳动生产率阻碍了经济增长。

从三次产业的结构演进情况来看，中国目前已存在一定程度的"鲍莫尔病"。根据国家统计局数据计算的结果显示，中国第二产业和第三产业的劳动生产率分别从1952年的0.08和0.12上升到2020年的4.90和1.47，尤其是从20世纪90年代初开始，两部门间的劳动生产率差距逐渐扩大。与此同时，第二产业和第三产业的就业份额分别从1952年的7.39%和9.07%上升到2020年的28.70%和47.70%。由此可见，第三产业的实际劳动生产率明显低于第二产业，但是第三产业的就业份额从1994年开始超过第二产业，尤其是在2012年以后两者之间的差距加速扩大，第二产业的就业份额逐步萎缩，第三产业的就业份额快速增加，与之相伴的则是中国GDP增长率的逐渐下滑，从2012年的7.9%下降到2020年的2.3%，这表明中国经济发展中存在一定程度的"鲍莫尔病"。

此外，中国第二产业的劳动生产率不仅高于第三产业，而且其增长率也明显高于第三产业。1952—2020年，第二产业劳动生产率的增长率在绝大多数年份均高于第三产业，表明高生产率行业在以更高的增长率发展，而低生产率行业则在以较低的增长率发展，这再次验证了中国经济中存在"鲍莫尔病"。

虽然整体服务业的劳动生产率低于制造业，但是不同的细分服务部门之间的劳动生产率则呈现出明显的差异。以城镇单位就业人员衡量的2003—2019年细分行业的劳动生产率情况，结果显示多数年份金融业、批发和零售业、房地产业的劳动生产率高于制造业，而交通运输业及住宿和餐饮业的劳动生产率则低于制造业。但是，近年来，房地产业和金融业的劳动生产率开始低于制造业，这可能在一定程度上意味着"鲍莫尔病"的加重。

以细分行业的城镇单位实际人工工资衡量各行业部门的劳动成本，结果显示金融业、交通运输业、房地产业、批发和零售业的实际平均工资均高于制造业，仅有住宿和餐饮业的实际平均工资低于制造业。通过比较中国细分行业的劳动生产率和平均工资可以发现以下三种现象：

第一,房地产业的实际平均工资并没有因行业生产率的下降而同步下降,仍然保持增长态势并高于制造业;房地产业、金融业、批发和零售业的实际平均工资高于制造业,可以得到行业高生产率的补偿。第二,交通运输业的生产率低于制造业,而实际平均工资高于制造业,表明交通运输业存在严重的"鲍莫尔病"。第三,即使在服务业内部,不同部门的劳动生产率和实际平均工资之间也存在较大的差距,这表明即使在服务业内部也存在一定的"鲍莫尔病"。

二 "鲍莫尔病"的"效率—结构—速度"研究框架

概括起来,可以将"鲍莫尔病"视为一个"效率—结构—速度"的研究框架和因果链条,价格机制在其中起到主要的传导机制作用。这个因果链条包括一个三段论的结构:一是服务业部门相对制造业部门具有较低的劳动生产率,而较低的生产率则导致了服务成本和价格的上升;二是在低生产率、缺乏价格弹性与富有需求弹性的共同作用下,服务业部门的份额和就业份额持续增加;三是服务业部门份额的增加导致了经济增长率的下降。目前,关于中国是否存在"鲍莫尔病"的实证检验主要围绕这三个论点展开,多数实证研究结果表明,在中国的经济增长与结构变迁过程中存在一定程度的"鲍莫尔病"。

在生产率增长滞后导致价格上升的检验方面,程大中(2004)指出,中国服务业在1978—2000年的劳动生产率的年均增长率只有3.67%,不到第二产业增长率的一半。李翔等(2016)的测算结果表明,第二产业和第三产业在1978—2013年的劳动生产率的增长率分别为9.76%和4.19%,同样不到第二产业增长率的一半。宋建和郑江淮(2017)证实了工业相对生产率的提升促进了服务业相对价格的提升,两者之间的弹性系数为0.35,即工业相对于服务业的生产率每提升1%,将会导致服务业相对于工业的价格提升0.35%。

在服务业部门的价格弹性与份额扩张的检验方面,程大中(2004)将整体服务业划分为10个细分行业,其中有9个部门及整体服务业的价格弹性绝对值小于1,而且有7个服务部门的价格弹性绝对值不足0.5,这表明中国各类服务需求几乎都是缺乏价格弹性的。靖学青(2011)对中国1997—2008年服务业整体发展进行再检验,结果与程大中(2004)的研究结论基本一致,而且还发现服务需求的价格弹性在进一步降低，服务业劳动生产率的增长相对于第二产业的滞后程度进一步加大，并且其对服务业就业份额增长的贡献明显增强。宋建和郑江淮（2017）则证实，服务业相对于工业的价格水平每提升 1%，将会导致服务业占非农部门的产值份额提升 0.383%，就业份额提升 0.211%；工业相对于服务业的劳动生产率每提升 1%，则导致服务业占非农部门的产值份额提升 0.060%，就业份额提升 0.335%。上述研究结论一致表明，服务业产值份额和就业份额快速增长的主要原因是服务业劳动生产率增长的相对滞后。

在服务业份额扩张导致经济增速下降的实证检验方面，李翔等（2016）的测算结果表明，第三产业份额提升对经济增长速度的影响经历了从"结构红利"向"鲍莫尔病"的转变，20 世纪 90 年代中后期第三产业份额提升已经表现出结构与速度负相关的"鲍莫尔病"。价格机制在这一过程中起着传导机制的作用，在短期内，三次产业的价格结构变化对经济增长的影响总效应不大；但在长期内，价格结构变化通过时间累积对长期的经济增长产生严重的负面影响，1952—2019 年增长价格交叉效应共使我国实际 GDP 下降 76.66倍，几何平均增长率为-6.71%，贡献率为-41.1%。

三　产业互联网深刻改变"鲍莫尔病"背后的技术结构

通过上述对"鲍莫尔病"的理论梳理可以发现，发生"鲍莫尔病"的主要原因在于服务业部门的生产率相对较低，其根源在于部门间技术结构的差异。正如鲍莫尔（1967）所言，经济活动的技术结构是决定生产率高低的关键因素。演化经济学对第一次产业革命以来技术演化脉络的研究表明，前两次产业革命中诞生的通用目的技术，如蒸汽机、铁路、内燃机、电力技术等，主要集中在工业部门，推动了工业生产方式由家庭作坊式手工生产向现代企业式机器生产的变革，从而提高了工业部门的劳动生产率和规模经济效应。但是，在前两次产业革命中，服务业部门从未诞生过具有颠覆性的通用目的技术，工业部门的通用目的技术首先在其行业内部进行扩散，然后才逐渐从工业向服务业进行技术扩散。正是由于不能使用高效率的机器设备和缺乏规模经济，因此服务业的劳动生产率较低且长期保持不变（江小涓、罗立彬，2019）。

与前两次产业革命中的通用目的技术主要集中在工业部门不同，当前的数字化浪潮中以大数据、云计算与人工智能等为代表的数字技术，主要诞生在从属于服务业部门的软件与互联网行业，这将在极大程度上改变导致部门生产率差异的技术结构。数字技术以产业互联网为主要形态，将首先在服务业中进行扩散，然后再逐渐扩散到工业部门（陈维宣、吴绪亮，2020），有望推动服务业生产率的高速增长，并逐渐超过工业部门的生产率，而克服"鲍莫尔病"的关键就在于提高停滞部门和宏观经济的劳动生产率与全要素生产率。因此，数字技术的爆发为克服"鲍莫尔病"提供了技术基础与机会，正如魏作磊和刘海燕（2019）所指出的，在考虑数字技术的作用后，中国服务业比重的上升不但不会降低经济增速，反而还能提高经济增速，"鲍莫尔病"的理论假说不再成立。

进一步地，产业互联网助力克服"鲍莫尔病"的机理可以概括为四个效应，具体包括结构红利效应、就业替代效应、数字转型效应与创新加速效应。

一是结构红利效应。数字产业中的数字产品服务业与数字技术应用业均属于服务业部门中的生产性服务业，它们均具有较高的劳动生产率。根据结构红利假说，高生产率部门的加速增长会促进劳动生产率与经济增长率的提升（Pender，2003）。此外，中国服务业的实证检验表明，生产性服务业就业比重的上升与经济增速正相关，生活性服务业就业比重的上升与经济增速负相关，数字技术改变了服务业部门的"生产率惰性"特征，这不仅提高了服务业生产率，而且也促进了宏观经济效率的同步提升（魏作磊、刘海燕，2019）。因此，生产性服务业可以提升宏观经济总体全要素生产率，将逐步取代制造业成为中国经济增长的新动能（李平等，2017；杨玉英，2010）。

二是就业替代效应。人工智能等数字技术通过对具有高度重复性的任务进行编程，使得智能机器与应用程序可以胜任之前必须由劳动力完成的常规工作内容，从而对服务业中的就业岗位产生替代作用，如司机、质检员、体育记者、银行出纳、餐厅服务员等，进而降低服务业部门的就业份额并提高其劳动生产率。人工智能等数字技术使所有行业部门的劳动生产率迅速增长，所谓的停滞部门或渐进停滞部门也转换为先进部门，促使产品和服务的单位成本不断下降，彻底颠覆了"鲍莫尔病"成立的基础（谭洪波，2017）。

三是数字转型效应。从理论上讲，数字转型效应主要是利用数字技术颠覆服务业的生产与供给模式，使服务业部门也能够收获规模经济效应，从而降低服务成本与价格，并提高服务业的劳动生产率。一方面，数字技术使服务生产与供给中的同步性与不可存储性转变为异步性与可存储性，彻底改变了服务业低效率与不可贸易的性质（江小涓、罗立彬，2019）。无论是电影、音乐等生活性服务业，或是商务、金融等生产性服务业，还是医疗、教育等公共服务业，传统的"面对面"的线下同步交易模式都转变为线上时空异步的交易模式，极大地扩大了公共服务的供给规模，并提高了供给质量，提高了服务业的劳动生产率。另一方面，人机协同改变了服务的生产与供给模式，提高了单位时间内的劳动生产率。例如，在新冠疫情期间，医生肉眼观察 CT 检查影像需要 5~15 分钟，而"腾讯觅影"智能工具最快 2 秒就能完成 AI 模式识别，1 分钟内可为医生提供辅助诊断参考。服务供给过程中要注重消费者体验，近几年新兴的元宇宙技术能够为消费者创造一个完全沉浸式的数字世界，使消费者享受到与现场服务别无二致的消费体验。

四是创新加速效应。人工智能等数字技术不仅是突破性的技术创新，而且还是创新方法的创新（Cockburn et al.，2017），改变了创意的生产方式与速度（Aghion et al.，2017），推动了创新的涌现。如果把人工智能视作产生创意的中间投入，那么即使人口数量零增长，也能产生指数级的创意增长，为摆脱生产率滞后提供一种潜在驱动力，加速经济增长。例如，腾讯推出的云开发低代码平台，大幅降低了创新的技术门槛与机会成本，无须或少量代码就可以快速生成应用程序，用户可以通过拖拽相应的功能模块创建应用，让越来越多的初学者成为开发者。

四　产业互联网助力治理"鲍莫尔病"的政策建议

（一）避免对数字技术将会导致新型"鲍莫尔病"的过度担忧

有些观点认为，工业化进程带来了制造业部门与服务业部门之间的非均衡发展，从而导致了"鲍莫尔病"的发生，因此担心数字化也会带来类似的问题。需要说明的是，与历次产业革命中的蒸汽机、电力技术等相比，数字技术是真正的通用目的技术，蒸汽机和内燃机等主要应用在工业领域，电力主要应用在工业和服务业领域，而数字技术的应用范围更广，可以应用于所有行业部门。例如，在农业领域，农村电商可以促进农产品的贸易流通，区块链技术广泛用于产品溯源以保证产品质量，人工智能与物联网技术辅助农业生产决策等。目前，我国仍处于数字化发展的早期阶段，数字技术在各行各业的应用仍有巨大的挖掘空间，通过强化产业互联网政策的顶层设计，推动产业互联网在各行业部门间的均衡发展，将能够有效避免新型"鲍莫尔病"的发生。

（二）避免对技术性失业的过度担忧

一些观点认为，数字技术在克服"鲍莫尔病"的过程中，由于其对非熟练工人和常规工作岗位产生了替代效应，因此将会导致大规模的技术性失业，从而抑制经济的可持续性与包容性增长。同样需要说明的是，数字技术的就业替代效应从表面来看是对非熟练工人和常规工作岗位的替代，但在本质上是对具有高度重复性和低附加值的生产环节中劳动要素的释放。我们需要做的不是阻止数字技术进入这些重复性高而附加值低的生产环节，而是要加快将低附加值环节中的劳动要素向高附加值环节转移，使他们通过从事高附加值的工作来获得更高的劳动报酬，从而提高收入分配中的劳动报酬份额，更好地实现共同富裕。

（三）加快实施产业互联网政策，推动数字技术与实体经济深度融合发展

技术扩散通常遵循"S"形的非均衡规律，通用目的技术扩散的完成需要50年甚至更长的时间。加快实施产业互联网政策，通过政策引导促进技术扩散，缩短数字技术与实体经济融合发展的时间，对克服"鲍莫尔病"具有至关重要的作用。现有研究表明，中国经济发达的东部地区存在明显的"鲍莫尔病"，中西部地区则相对较轻（靖学青，2011；宋建、郑江淮，2017）。因此，一个较为可行的思路是，在数字中国建设的背景下，在东部地区各省份或其中部分城市建设数字经济试验区，加快推动数字技术在批发和零售、交通运输、金融保险、商务服务、医疗、文化教育等行业的普及扩散，通过改变生产与供给方式降低这些行业的单位成本与价格，并及时进行政策效应评估，总结数字技术治理"鲍莫尔病"的经验教训。

参考文献

Baumol W J. Macroeconomics of Unbalanced Growth：The Anatomy of Urban Crisis ［J］. American Economic Review，1967，57（3）：415-426.

程大中. 中国服务业增长的特点、原因及影响——鲍莫尔—富克斯假说及其经验研究 ［J］. 中国社会科学，2004（2）：18-32.

李翔，刘刚，王蒙. 第三产业份额提升是结构红利还是成本病 ［J］. 统计研究，2016，33（7）：46-54.

宋建，郑江淮. 产业结构、经济增长与服务业成本病——来自中国的经验证据 ［J］. 产业经济研究，2017（2）：1-13.

靖学青. 中国服务业增长的区域差异性研究——基于鲍莫尔—富克斯假说的实证分析 ［J］. 经济管理，2011，33（6）：36-42.

江小涓，罗立彬. 网络时代的服务全球化——新引擎、加速度和大国竞争力 ［J］. 中国社会科学，2019（2）：68-91.

陈维宣，吴绪亮. 通用数字技术扩散的模式、特征与最优路径研究 ［J］. 经济研究参考，2020（18）：5-17.

魏作磊，刘海燕. 服务业比重上升降低了中国经济增长速度吗 ［J］. 经济学家，2019（11）：55-63.

Pender M. Industrial Structure and Aggregate Growth ［J］. Structural Change and Economic Dynamics，2003，14（4）：427-448.

李平，付一夫，张艳芳. 生产性服务业能成为中国经济高质量增长新动能吗 ［J］. 中国工业经济，2017（12）：5-21.

杨玉英. 生产性服务业与经济发展关联性的经验分析 ［J］. 经济学动态，2010（11）：40-44.

谭洪波. 人工智能能根治鲍莫尔病吗 ［N］. 光明日报，2017-12-19.

Cockburn I M, Henderson R, Stern S. The Impact of Artificial Intelligence on Innovation ［R］. NBER Working Paper，2017，No. 24449.

Aghion P, Jones B F, Jones C I. Artificial Intelligence and Economic Growth ［R］. NBER Working Paper，2017，No. 23928.

第六章 数据要素价值创造机理及其市场化配置路径研究

党的十九届四中全会通过的《中共中央关于坚持和完善中国特色社会主义制度推进国家治理体系和治理能力现代化若干重大问题的决定》指出，健全劳动、资本、土地、知识、技术、管理、数据等生产要素由市场评价贡献、按贡献决定报酬的机制。这是首次在国家战略层面提出将数据纳入生产要素，推动数据要素市场化配置。数据要素价值分配机制设计着重解决分配给谁、分配多少和如何分配三大问题。目前的数据要素收益分配面临着数据权属不明晰、收入分配总额和贡献度难以确定、数据要素流转机制和定价机制不健全、数据治理水平不高等问题，制约了数据价值的实现。在此背景下，系统分析数据作为新型生产要素如何创造价值、数据要素如何确定产权归属，以及如何进行数据价值分配等问题已成为时代发展的需要。本章将重点阐述以下几个问题：数据理论依据及其蕴含的四种价值；数据价值创造机制；数据权属及其价值分配；数据价值创造和分配面临的现实问题及相应的对策建议。

一 数据特征与数据价值

（一）数据要素概念

厘清数据价值创造与分配的理论基础，需先弄清数据的定义及内涵特征。在当前大环境下，数据定义相较于过去有了极大的不同，过去是单纯以数字形式反映经济活动，而作为新型生产要素，数据具有截然不同的含义。国际标准化组织（ISO）认为，数据是以适合交流、解释或处理为目的，充分体现信息价值的另一种形式化方法。《中华人民共和国数据安全法》把电子数据界定为"任何以电子或者其他方式对信息的记录"。何玉长（2021）认为，数据集是指通过使用现代的电脑技术和现代网络信息技术来加以有效捕捉、管理存储和分析处理信息的数据集。纪海龙（2018）从广义的角度对数据进行了解释，并把数据分为数据产品和数据信息。在此基础上，他提出利用现代计算机和互联网技术在数字经济中捕捉、管理和处理数据。数据是信息的有效载体，适用于交流、解释或处理。

数据要素本身不能单独创造价值，而是一剂良性催化剂。传统的生产要素，如资本、土地等要素与数据要素进行深度整合，借助算力、算法、模型等技术手段，将现实世界与数字空间连接，使虚体与实体实现有机结合，实现单一要素价值倍增效应。另外，数据要素具有商品属性，数据产品是数据业务模式的拓展，能够借助市场评价与市场交换来有效分配，实现"潜在价值—价值创造—价值实现"的价值形态演进。交易后的数据产品进入经济运行过程，推进经济生产方式和模式变革，推动质量变革、效率变革和动力变革，使数据要素价值转变为社会价值。

（二）数据要素特征

1. 虚拟替代性

数据虚拟性是指在虚拟空间中对数据进行虚拟开发、制造和运用，从而实现数据的虚拟化。数据替代性是指数据要素在代替管理、劳动和土地等要素这一过程中所表现出来的性质。这种特性可以有效地取代中国传统工业的基础要素，解决中国传统产业的基础要素短缺问题，还有利于开展低碳的经济活动和节约各种资源。然而，由于数据具有虚拟的特性，在实际应用中必须对其进行有效的鉴别，以防止信息欺诈和数据泡沫。

2. 多元共享性

去中心化的数据处理方法派生出多元参与者。多元参与主体协作的生产方式具有灵活性和快速性，它可以减少产品的制造周期，减少交易费用，从而使企业的生产效率得到提升。数据多元性也表现在数据权利归属的二元性乃至多元性方面。从权属角度来看，数据生产者和数据控制者均可享有数据要素的所有权。一方面，数据的提供者是直接产生数据的；另一方面，在数据采集、清洗、分析、处理等一系列技术过程中，把"劳动"输入到数据中的控制者，会觉得自己对每个环节都拥有数据的控制权和所有权。数据的共享性表现为：数据资源突破了行业的特殊性，实现了跨行业的共享，这有利于节约资源、优化分配，同时也为企业的可持续发展创造了良好的条件。

3. 跨界融合性

跨界融合性包括两种情况：一是不同类型数据间的跨界融合。平台上多维的块状数据聚合，有需求的企业调用，这就实现了实时数据共享利用，有利于企业获得多种效益，赢得更大的竞争优势。二是不同生产要素间的跨界融合。具体表现为：将数据和劳动结合起来，构成数据劳动，从而使劳动力的生产效率得到提高，企业的雇佣结构得到优化，从而节约劳动力；将数据和资金结合起来，使数据能够引导企业进行投资决策，从而使资金的流向朝向最佳的方向，最大限度地发挥资金的作用。因此，数据要素与劳动、资本等生产要素相互结合能够形成要素之间的优势互补。

4. 智能即时性

在数字经济时代，数据智能化是一个典型的特点。运用人工智能技术，将数据智能化融于传统产业之中，可以打造智慧教育、智慧交通、智慧医疗，推动智慧城市的建设，开创智慧时代。在数字化经济的今天，数据的实时性是数据发挥作用的基础。传统的经济信息是由市场的价格机制所产生的，通常是滞后的，而实时的数据可以有效地克服传统的滞后性和管理的盲目性，增强经济主体的计划性和科学性。在计算机和云计算的帮助下，人们可以得到实时的数据，并利用网络的传输功能，使其在国民经济中得到有效的利用。举一个日常生活中经常使用的例子：网约车。在平台两边的用户和驾驶员之间进行实时的数据匹配需要尽量减少延迟，而数据的即时性可以很快做到数据的搜索、选择、匹配、传递。由此可见，数据的实时传输和处理至关重要。

（三）数据价值分析

1. 资源价值分析

如果某种东西参与了创造价值，并且有助于增加收入和减少成本，那么它就是一种生产要素。生产要素是指在生产和经营过程中所使用的资源，是对资源进行定义的前提和依据。从数据的角度来看，在特定的决策中，数据可以产生价值，也可以影响收入和费用，这就说明数据是一种资源。以煤炭资源的开采为例，首先要收集资源，其次是提取资源，最终是处理资源。和煤炭一样，数据资源也同样需要经过这一过程才能使用。总的来说，挖掘和高效利用数据要素的过程就是数据资源化。因此，数据是一种可以帮助企业获得经济效益、为管理者提供决策依据的资源。

2. 产品价值分析

数据产品通常具有优良的资质、优良的性能、特殊的材料、标准的配件和特殊的外形，以满足特定的需要。服务具有等候时间、文明礼貌、信用、环境舒适、保密性、安全等特征，目的在于使人获得满意与收益。数据是一种能够为客户提供快速的服务和信息的产品和服务，如网络支付、搜索引擎、聊天等。具体来说，网上支付能够提供便捷、安全的购物、支付服务；搜索引擎可以帮助用户找到所需的资料；而聊天工具则可以在满足人们沟通需要的同时，给人们带来更多的便利。以上所提到的产品和服务都是建立在数据基础之上的，从这点可以看出，数据具有巨大的商业价值，并且对社会和经济的发展起着举足轻重的作用。

3. 资产价值分析

数据资产化体现在资产可变现、可量化、可控制的资产变动上，体现了其经济价值与实用价值的结合。数据资产为数据提供了多种新的商业模式，新的商业模式在促进我国资产交易的同时，也要求更高的定价水平和更高的交易水平。另外，有关政策也需要进一步规范数据资产化过程中所存在的隐私保护、资产属性等一系列问题。

4. 资本价值分析

与实物资本相比，数据资本具有以下三方面的特性：第一，体验性。体验性是指数据的价值只有在使用之后才会被感知，就像一本书、一部电影、一件物品，在没有欣赏它们之前，无法感受它们的价值。第二，不可替代性。由于不同的数据包含的信息存在明显差异，所以数据资本是不可取代的。第三，非竞争性。数据资本不像实物资本那样，它可以在同一时间内被多个人利用，因此是非竞争性的。数字数据从一项资产转变为一种资本，必须通过诸如流动和交易这样的活动来实现，并将其转换为投资比率或者股票价格。中关村数海数据资产评估中心与贵阳大数据交易所建立于 2015 年，为我国数据资产的发展提供了有力的支持，并从某种意义上解决了数据供求失衡的问题。

二　数据价值的创造机理分析

数字信息是经济活动的重要资源，而数字平台则是整个经济活动的中心，当数据经过数字化平台转化成数字智能，并经过商品货币化后，就会产生价值的创造。总的来说，数字数据的智能化和货币化促进了价值创造。

（一）价值创造的两大要素——数据和数字平台

在收集、处理和分析了海量数据之后，各个主体（如政府、公司等）可以基于这些信息了解市场情况，从而形成科学而又高效的决策，最终创造价值。数字平台具有收集、处理、分析数据的功能，最重要的是其能够实现数据货币化，因此，也具有创造价值的作用。数字信息与数字平台是企业价值创造的两个关键因素。

尽管数据在价值创造方面有着很大的潜力，而且是非常宝贵的经济资源，但是在原始数据生成和采集过程中，数据的价值并不明确，也就是说，原始数据生成方的议价能力非常有限。从某种意义上来说，数字平台实际上是数据的掌控者，他们可以通过获取海量的数据，从而获取更多的利益。数字平台的高效运转直接依赖于数字数据，而这些数字数据的产生和盈利的关键在于如何利用海量的大数据进行高效的整合，实现其数字化、智能化。在过去，很多数字平台都是这种业务模式。例如，谷歌拥有 90%的互联网搜索市场，微信在中国的活跃用户已逾 10 亿。由此可见，数字平台在全球经济中的地位日益凸显。

（二）价值创造的过程——数字平台的商业模式

数字平台的实体财产在一般情况下是比较少的，但利润很高，数字平台通过大量数据的收集和货币化，可产生大量的价值。这种情况也体现了数据资产的价值。通过分析主要类型数字平台的数据驱动商业模式和价值创造过程发现，这些数据的价值是非常可观的，可以看出，数字平台的商业模式对企业价值创造的影响效果十分显著。

以数据为导向的商业模式包含四大功能：获取数据、货币化、为第三方创造价值、为消费者创造价值。在通常情况下，数字平台收集来自使用者和第三方公司的原始资料，并通过两种途径把资料转化为货币。一种是直接授权用户访问数据，如让第三方的数据分析公司利用这些数据进行盈利。另一种是它可以为使用者（第三方）提供诸如动态定价策略服务、物流咨询和管理服务等个性化数据服务。这些数据的价值必须由专业的分析人员对这些数据进行整合和分析。该平台可以根据自己的数据融合、分析和业务专长，为用户提供多样化的数据定制服务，从而获得更大的利润。数字平台通过上述两种方法来实现数据的价值，从而形成了产生价值的过程，而且由于用户没有意识到自己数据的价值，所以数字平台能够从中获益更多。

三　数据权属及其价值分配

（一）数据权属

数据产权归属关系到数据价值的分配。与其他生产要素不同，数据的产权问题还没有得到有效的解决。本书认为，数据产权总体上有以下几种，不同的主体在各自的数据交换环节实现各自的权利。

1. 数据的交易权、管辖权由国家所有

数据作为一种新型的基础资源，对经济发展、社会治理和人民生活产生了深远的影响，其权限和交易权应当属于国家，其内部的数据行为必须遵守国家的法律规定。可以建立一个集中的数据中心，统一管理全国数据，建立起一个统一的数据中心。与此同时，可以运用人工智能相关技术，实现数据的可追踪性，确保数据的交易、使用、分配，以及数据的可溯源性，确保数据的交易安全、有序。

2. 数据的所有权由双边交易主体所共有

在数字经济的今天，世界范围内的信息量出现了爆炸式的增长，而大数据的应用所带来的经济价值也在日益凸显。个人的基本资料和各种以自己的行动为基础的资料应该由个人拥有。但是，在这个数字时代，每个人的数据都要参与到双边交易中去，然后通过加工变成信息和知识，只有这样，才能让交易双方都有意义。如果有一个平台将那些没有太大价值的数据处理成有意义的数据，那么平台就应当对其拥有所有权。所以，涉及双方当事人的双边贸易所生成的资料，原则上其数据所有权应该是共享的，平台不应凭借自身优势，对大数据进行杀熟，或者在未经用户同意的情况下，将数据转移给其他机构。

3. 数据转让后的主体仅拥有使用权

数据使用权即使用指定数据的权利。由于可以以低廉的价格进行复制，所以在使用的时候，并不会产生任何的损失，也不会降低数据的质量。相反，它还可以为用户带来新的经济利益，所以数据的所有权转让是一种双赢的交易。在权利转让的过程中，数据常常被处理成与影视、音乐类似的数据产品或服务。知识产权不得再次转让。同样，资料的使用权一般是不能转让的，使用者也不得转让资料以牟利。

4. 数据的财产分配权归多方共有

网络平台收集用户的数据形成产品和服务，在此过程中，用户就是"数据贡献者"，而平台对用户的数据进行二次处理，并投入人力、物力、财力，最终的结果是由双方共同创造的，因此，在理论上利益应该被分配给生产过程中的所有人，而不是一个人独占所有的利益，这违背了公平的原则。原始资料的生产者和二次加工企业均应享有数据变现所得的分配权利。原始资料产权的分配可以大致模拟知识产权的分配方式。

（二）数据价值分配

1. 数据价值分配的含义

生产要素按贡献参与分配，即按其在产品制造和价值创造过程中的贡献程度、作用大小和地位来分配。我国分配形式多样化，生产要素按贡献参与分配这一分配方式体现了生产和分配的有机结合。例如，数据要素与劳动资料相结合能革新劳动工具，提升劳动资料的质量与效率。总而言之，数据要素与其他要素结合可以在很大程度上推动生产力发展，拉动经济增长。数据按贡献参与分配的重要经济意义是将数据纳入生产要素，因为有效的数据是生产力的关键组成部分，也是推动一众新兴产业快速发展的基础条件。这不但能对数字经济发展起到导向作用，而且还是国家经济发展必不可少的支撑，也会引导企业认识到数据要素的重要性和独特价值。

2. 数据价值分配的原则

第一，效率与公平原则。数据价值的分配应能够充分调动生产者和生产要素的积极性与主动性，以促进生产力发展；另外，由于劳动者的贡献，数据创造的价值对于劳动者来说就是收入分配，应该合乎客观逻辑。因此，数据要素参与分配必须遵循"效率与公平兼顾"的原则。第二，供需匹配原则。市场是数据要素价值实现的必备要素，数据需要经过交换价值或价格来体现。由此来看，数据参与分配应该遵循"供需匹配"的原则。

四　数据价值创造和分配的现实困境及对策建议

（一）数据价值创造和分配的困境

1. 数据资源化难度高

网络服务行业拥有大量的数据资源，但由于技术、行业壁垒等因素，导致数据质量参差不齐的问题。在工业领域，企业的数据资源信息基础较为薄弱，设备接口不畅通，导致数据不能及时获取；企业数据底账不清，不明确数据的具体情况，大部分工业数据处于"睡眠"状态；数据与数据之间不匹配等，导致数据孤岛现象较为普遍。这一现象的深层次原因在于，关键设备与技术都被国外垄断；数据不真实、不准确、一致性差是造成数据集聚质量低的主要原因。

2. 数据资产化难度高

数据提升了生产和生活效率，但目前数据应用仍然存在不深入、不广泛的问题。在工业领域，只有少数几家领先的公司对数据的运用进行了深度的探讨，并取得了一定的成效，而我国大部分工业企业的数据应用还处于局部、单点、低水平的阶段。造成这种现象的根本原因主要包括：一是企业不重视数据要素，"不想用"；二是企业本身缺乏数据分析手段、人才等，"不会用"；三是企业对数据运用的规则认识不足、投入消耗较大，"不敢用"。

3. 数据资本化进程慢

资产估价、数据流通交易是数据资本化的先决条件，数据价值实现的过程既是数据资本化的过程，也是智能决策实现机制形成的过程。但是，目前数据资本化仍存在诸多问题，如数据权属界定不明确，数据流通是否合法亟待解决，数据定价和评价机制缺乏等。这就导致企业担心在数据流通中不但无法获得预期中的效益，还会丧失数据的控制权。另外，数据资源配置效率低，信息不完全和信息不对称导致的市场失灵现象频率较高，实现数据价值的进程仍比较缓慢。

4. 数据安全及隐私保护不足

无论是大数据产业自身的发展，还是国民经济和社会发展，数据安全无疑都是重中之重。另外，个人资料的管理与使用也是一个难题。在数字经济时代，随着大数据越来越广泛地渗透到人们的日常生活，数据被过度采集和隐私被窃取的问题也越来越严重。数据流转监管是保护数据安全和隐私的重要手段，但在数据安全、隐私保护和数字经济发展关系中，至今仍然存在着诸多问题。强大的数据监管可以为大数据行业的发展提供一个相对安全的环境，但也会给行业的发展带来一定的制约。由此可见，大数据行业必须寻求规范和发展的平衡点。

5. 数据要素权属制度滞后

当前，"数据权利到底归谁"的问题一直没有得到有效的解决，主要原因在于，数据要素的产权制度和市场主体的行为准则不清晰。具体来看，在立法方面，一是法律法规对数据要素的权利归属没有明确界定，二是存在一定的滞后性。在理论方面，学术界对数据要素的产权归属和分配主体认定存在分歧。在实际操作中，企业通过采集个人信息从而产生资产价值，但是使用者并不具备对此的知情权，因而其参与收入分配没有依据。在公共数据资源方面，公共部门在履行法律义务等情况下，对其所采集的资料的所有权问题没有形成统一的认识，导致其收益分配对象不明确，分配机制不完善。当前，我国公共数据资源的共享方式是以公开的方式进行的，但由于具有公共数据需求和数据处理能力的市场主体较少，因此公众数据的价值很难被充分发挥出来。

6. 收益分配结构性失衡

在数字经济时代，各地区、各主体所掌握和积累的数据生产要素存在着一定的差异，造成了地区之间的发展不平衡，同时也导致了各地区之间数据要素的利益分配不均衡。

一是东西部地区的数据资源总量存在差异，导致我国数字经济的发展效率不平衡；我国目前的数据资源以东部为主，东部地区的数据量占到了一半以上。同时，东部地区的数据要素产业聚集培育效果显著，与之形成鲜明对比的是，西部地区的数字经济规模整体偏低。

二是由于个人是主要的使用者，没有直接参与到数据要素的收入分配中，因此平台上的用户数据不断累积，导致了收入分配的不公平。目前，个人参与用户数据要素的收入分配只有两种途径，一种是通过获取隐私保护来作为利益补偿，另一种是获得个人数据的侵权赔偿。在我国，公民信息隐私受到侵犯的情况时有发生，但侵权赔偿的数额远远小于用户的期望。

三是在数据要素生产中，劳动者收入分配严重失衡。这主要是由劳动力价格歧视和数据技术创新被低估所致。从事数据收集、分析、标准化处理、数据挖掘等生产活动的个体，其劳动成果还没有被纳入数据资源处理流程。

（二）促进数据价值创造和分配的对策建议

1. 优化营商环境，发展数字经济

数字经济是实现数字资源最优化配置的先决条件，只有数字经济形成发展态势，数据要素才能创造更多的价值。因此，要把"数字中国"作为国家战略目标，把重点放在新基础设施上，积极开发工业互联网、智能制造、数据中心等示范工程，并研究制定扶持性产业政策。积极探索工业、农业、金融、能源、教育、医疗、政务等垂直行业的数据开发应用，并支持各类数据交易平台的新模式。

2. 重视数据安全，加强隐私保护

政府应建立有关保护个人信息和防止个人隐私被侵犯的法律法规，为收集、使用、传送或删除个人信息的行为的处理提供相关依据。目前，国家正逐渐建立起一个严密的法律体系，以确保数据的安全性和隐私权。此外，在数据安全领域，还应建立关于保护数据安全的法律，做到有法可依，还可以采取建立专门的风险部门，定期邀请第三方机构对其数据库进行测试和强化保护等措施。

3. 解锁数据资源，实现开放共享

数字平台的功能是实现开放共享的关键。一方面，将公用事业和政府部门的数据"解锁"到最大程度，推动政府和数据管理机构更好地共享和公开数据。绝大多数的信息资源由国家控制，除涉及国家安全、商业秘密、个人秘密的信息之外，其他均对公众特别是科技创新组织开放。另一方面，要健全政府与企业之间的合作机制，以鼓励企业充分运用数据进行创新。只有真正地实现开放的应用场景，为社会创造价值，才能推动数据的广度和深度的开发。同时，要加快建立产业标准，促进公开资料的负面清单管理。

4. 推进数据确权，完善交易制度

一是健全数据产权法律制度，从多个方面共同努力，为数据流通提供法律保障，对数据的各项权利加以明确，如使用权、所有权，同时对侵权行为加强执法力度。二是促进交易数据规范化，发挥大数据交易平台等中介市场的作用，拓展数据应用交易大市场，建立统一的交易制度，形成统一的经营模式。

5. 缩小数字差距，实现包容性发展

随着数字经济的迅速发展，数字技术的差距造成了无法跨越的数字鸿沟。如果没有相关政策介入，数字差距将会继续扩大，从而使现存的差距进一步加大。政府应当采取措施，出台工程项目，减小数字差距，关注边远地区的数字化建设和数据应用效率情况。在政策上给予一定程度的倾斜，加强农村信息化建设，提升广大群众的信息素质。另外，要重视国内的数字技术培训，加大科技研发力度，促进数字经济全面发展。

6. 完善监管机制，加强反垄断工作

数据要素的累积发展使马太效应更加严重。例如，尽管市场上存在"千人千价"等大数据杀熟行为，并损害了消费者权益，但这些行为很难被识别，因此必须做到全国一盘棋。首先，要建立健全有关数据要素的市场监管体系，促进数据交易双方的资质审核流程公平。其次，规范数据交易平台的进入与退出准则，整合现有数据交易平台，保证服务质量。最后，为了使数据要素市场实现良性竞争，应加强反垄断、反不正当竞争的管理。

参考文献

何玉长，王伟. 数据要素市场化的理论阐释 [J]. 当代经济研究，2021（4）：33-44.

纪海龙. 数据的私法定位与保护 [J]. 法学研究，2018，40（6）：72-91.

第三篇 数字经济实践篇

第七章 聊城市数字经济发展水平评价与提升路径分析

当前，以大数据、云计算、人工智能等为代表的新一代信息技术的发展及其产业化应用催生了数字经济这一新型经济形态。与以往农业经济、工业经济时代不同，以数字化的知识和信息为关键生产要素的数字经济具有高技术性、高成长性、高渗透性、高协同性特征，赋予了经济社会发展的"新领域、新赛道"和"新动能、新优势"，数据要素作为经济发展的重要资产，已成为引领经济增长和社会发展的重要力量。加快数字经济发展，有助于推动经济质量变革、效率变革和动力变革，实现经济高质量发展，也已成为世界各国把握科技革命和产业变革先机的核心要素。可以说，数字经济已成为重组全球要素资源、重塑全球经济结构、改变全球竞争格局的关键力量。为此，党的二十大报告提出"加快发展数字经济，促进数字经济和实体经济深度融合，打造具有国际竞争力的数字产业集群"的任务。

聊城市具有雄厚的产业基础，这为数字经济发展提供了丰厚的沃土，近年来也涌现出了以鲁西集团智慧化工园区为代表的数字赋能传统化工园区转型的典范，以及以信发集团为代表的数字赋能产业链重构的先进企业，为其他行业及企业提供了丰富经验。但从整体来看，聊城市数字经济发展起步较晚，总体水平还不高。然而，数字经济具有"去物质化""轻资产"的特征，突破了传统地理空间对要素流动的限制，为优势要素集聚提供了重要条件，这就为后发地区、企业提供了"变道追赶"，甚至是"变道超车"的新机遇。为此，聊城市应牢牢把握新一轮技术革命和产业变革的机遇，聚焦"六个新聊城"建设，深入落实"三提三敢"总体要求，将加快发展数字经济作为推动聊城市制造业强市建设，优化现代化产业体系，构筑聊城竞争新优势的重要方向和内容，以数字经济发展为聊城市经济社会新旧动能转换和高质量发展塑造新引擎，为实现"六个新聊城"奋斗目标培育新动能。本章在阐述数字经济促进经济高质量发展的理论机制基础上，从宏观层面分析了当前数字经济发展现状与趋势，探讨了制约聊城市数字经济发展的可能性原因，并提出相应的对策建议。

一　数字经济为经济高质量发展提供新动能

数字经济代表着新一轮科技革命和产业变革的主流方向，是以互联网、大数据及其相关技术创新与应用为基础的一种新型经济形态，具有高技术性、高成长性、高融合性、高协同性的特征，实现了生产力要素的数字化渗透、生产关系的数字化重构，是推动质量变革、效率变革、动力变革的新动能。

（一）数字经济推动质量变革实现经济高质量发展

一方面，数字经济发展有助于要素质量提升。在数字经济时代，信息、数据等高端生产要素成为类似于货币和黄金的新型经济资产，并作为独立的生产要素进入生产、流动、消费等经济各领域、各环节，改变了原有经济系统中的要素投入结构，数据要素投入的数量越来越多，数据、信息等高端要素的投入占比越来越高（杜传忠、郭美晨，2017）。同时，由于信息、数据等知识、智力密集型程度更高的新生产要素具有强大的溢出和渗透效应，它通过与资本、劳动等要素的融合，与其他要素相互作用、相互补充，改善了传统要素的质量。例如，数字经济的发展需要持续的大规模的研发投入，而技术创新具有很强的扩散效应，有助于传统经济知识密度的提升，使传统的"能量密度"较低的要素转变为"能量密度"较高的要素（宁朝山，2019）。

另一方面，数字经济发展可有效提升产品和服务质量。第一，与传统生产方式相比，数字经济的大数据和人工智能技术可实现在生产线各环节全面实时智能监控，大幅度提高企业对产品质量的监管和控制能力，降低产品不良率，提高产品质量。第二，数字经济改变了传统消费品的形态和功能，智能消费和消费产品的智能化给消费者带来了质量更高、内容多样化的消费体验，提升了产品消费的满足感。例如，互联网社区、众创平台等新业态、新模式，鼓励消费者直接参与产品设计，通过将自身需求、感受、经验等及时反馈给企业，促使企业在产品开发、外观设计、产品包装、市场营销等方面加强创新，构建全生命周期服务体系（肖旭、戚聿东，2019）。第三，数字经济可有效克服市场信息不对称的问题，为消费者自主选择和政府质量监管提供技术支撑，使优质产品和服务被广泛获取，降低劣币驱逐良币现象发生的可能性，提升优质产品的盈利空间。

（二）数字经济推动效率变革实现经济高质量发展

第一，数字经济的规模经济效应和范围经济效应提高产出效率。传统工业经济范式下的规模经济、范围经济受制于硬件设施、厂房设备、地理空间等，随着企业规模的扩大，边际成本快速增加。然而，数字经济具有较强的网络外部性，当产品用户规模达到临界容量时，正向循环累积因果机制降低了产品边际成本，削减了产品平均成本，这一规模经济效应的存在提升了企业生产效率（吕铁，2019）。同时，数字经济在信息搜索和数据分析上实现了巨大的技术进步，在传统范围经济中相关性不明显的产品之间建立了联系，在整体上增强了范围经济效应。

第二，数据要素的渗透性、融合性特征提升传统要素效率。数字经济的信息、数据等知识、智力密集型程度更高的新生产要素具有强大的溢出和渗透效应。数字经济的网络化和协同性特征实现了资本、劳动力等生产要素的集约化整合、协作化开发、网络化共享，提高了要素之间的协同性，增加了要素之间的配合，提高了要素使用效率。例如，物联网、云计算和自动化控制等技术提高了生产活动的智能化和自动化程度，引发了资本对劳动的替代，并且这种替代呈现出明显的结构性特征，人工智能在替代简单劳动的同时带动了无法实现自动化工作岗位的复杂劳动力的需求，增加了高端劳动力即人力资本的需求，带来了生产过程效率的提高（郭晗、廉玉妍，2020）。

第三，数字经济改善要素配置扭曲，提升要素配置效率。其一，互联网、云计算、大数据等新兴技术可以实现对社会再生产过程中海量数据的分析，解决了信息不完全和外部性问题，降低了信息检索和资源匹配成本，形成了更为公开透明的市场环境，实现了要素供需精准匹配，优化了要素配置，让产出接近产能，让生产点接近生产可能性曲线。其二，数字经济具有网络化特征，所构建的高度互联互通并具有正外部性效应和规模效应的网络化结构为各类创新要素的创造、集聚、转移和应用创造了便利条件，提升了创新资源的流动性。同时，数字经济发展有助于垄断行业的改革，加强市场竞争，加快生产要素的合理流动和优化组合，提高经济的投入产出比。

（三）数字经济推进动力变革，实现经济高质量发展

第一，作为新动能的数字经济所蕴含的高端要素在总量规模扩张的同时增强传统要素动能。一方面，数字经济本身具有高成长特性，为达到足够规模，通常需要大量技术及人力资本投资，即数字经济的发展扩大了新兴技术及相应的人力资本等高端要素的规模，促进了经济持续增长，这是技术或人力资本促进经济增长的常规路径。另一方面，与传统要素具有明显稀缺性不同，信息、数据可以被复制、共享，随着应用规模增加呈现边际收益递增特性，打破了以往生产要素稀缺性对经济增长的制约，为经济持续性增长提供了可能（罗珉、李亮宇，2015）。

第二，数字经济为培育创新动能提供了新动力。创新是数字经济的重要特征，数字经济本身作为重要的技术创新需要投入大量的人力、物力进行研发、设计，数字经济发展意味着社会技术创新水平和能力的提升。同时，建设以平台经济为核心特征的数字化、网络化协同研发平台，聚集整合业内原本较为分散的相关优势研发资源，突破研发创新的行业、企业或地域边界的限制，提升创新资源利用效率。另外，数字经济突破了传统创新中消费者和研发者的信息分割，能够以较低成本并且相对精确地挖掘消费者需求，减少信息不对称导致的研发不确定性，降低研发创新的市场风险，提升创新效率。

第三，数字经济增强消费动能对经济增长质量提升的基础性作用。一方面，数字经济降低了交易成本，减少了因信息不对称、机会主义、有限理性等造成的搜寻成本、议价成本，有助于繁荣消费市场，通过增加实际需求拉动经济增长。另一方面，在新技术推动下形成的新模式、新业态部分地解决了传统消费模式下的用户痛点，迎合了消费者新的需求，使消费规模快速发

展。例如，共享平台和大数据技术的应用，使传统以供给为导向的商业模式逐渐被以消费者需求为中心的价值创造逻辑所替代（王姝楠、陈江生，2019），也使得大量小众产品在平台集聚，实现了销售市场中的长尾效应。因此，数字经济的发展既为企业满足消费者的多样性需求提供了动力，也为消费者获得多样化服务或产品提供了可能性，增强了消费动能对经济增长质量的提升效应。

二　数字经济已成为经济发展的新引擎

新一代信息技术的大规模商业化应用全方位降低了数据信息的收集、处理、分析、传输、交互等成本。数据信息获取使用的即时性、便利性得以大幅提升，成为经济社会运行的新关键要素，带来了数字经济在全球范围内蓬勃发展，在世界经济体量中的占比越来越高。世界银行公布的数据显示，2020年数字经济规模相当于全球GDP的15.5%，在过去15年里，其增长速度是全球GDP增速的2.5倍。如图7-1所示，2021年美国数字经济蝉联世界第一，规模达15.3万亿美元，中国位居第二，规模约为7.1万亿美元，相当于美国的46%。从占比看，德国、英国、美国数字经济占GDP比重均超过65%。工信部数据显示，2012—2021年，我国数字经济占国内生产总值比重由21.6%提升至39.8%。2021年，数字产业化规模为8.4万亿元，同比名义增长11.9%，占数字经济比重为18.3%，占GDP比重为7.3%；产业数字化规模达到37.2万亿元，同比名义增长17.2%，占数字经济比重为81.7%，占GDP比重为32.5%（见图7-2）。国际电信联盟（ITU）公布的数据显示，2021年世界平均互联网渗透率（网民在人口中的占比）为62.5%，中国的互联网渗透率为73%，而发达国家在90%以上（其中美国为92%），中国的互联网渗透率与发达国家相比仍有较大差距。

从产业渗透来看，发达国家产业数字化转型较早，技术应用强，发展速度较快。在第一产业数字化方面，英国第一产业数字化水平最高，超过30%；在第二产业数字化方面，德国、韩国处于领先水平，第二产业数字化水平均达到40%以上；在第三产业数字化方面，英国、德国、美国等第三产业数字化水平较为领先，第三产业数字经济渗透率均达到60%以上。在数据中心建设方面，联合国贸易与发展会议2021年发布的报告显示，大约80%的联合定

（亿美元）

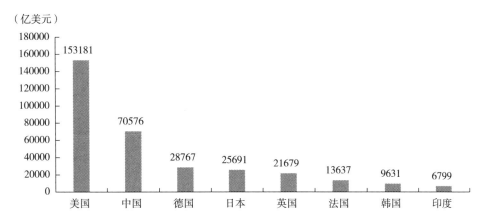

图7-1 2021年数字经济规模排名前8位国家

资料来源：中国信息通信研究院《全球数字经济白皮书（2022）》。

（万亿元）

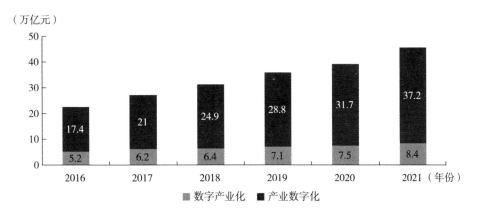

图7-2 2016—2021年中国数字产业化和产业数字化规模

资料来源：中国信息通信研究院《全球数字经济白皮书（2022）》。

位数据中心集中在北美和欧洲的发达国家，其中，美国占38%、欧洲占29%、中国仅占3%；在超大规模数据中心建设方面，美国约占总数的39%、中国占10%、日本占6%。虽然欧洲在联合定位数据中心方面占有较高份额，但是数据价值挖掘的能力落后于美国和中国。国际数据中心发布的《2021—2022全球计算力指数评估报告》显示，2021年AI算力支出在总算力支出的占比与五年前相比提高了3%，中国的AI算力支出增速尤其瞩目，过去五年15个国家AI支出的增长中有60%来自中国。

从数字平台企业发展来看，联合国贸易与发展会议发布的《2021年数字经济报告》显示，在全球市值最高的前100家数字平台企业中，美国企业有33家、中国企业有24家，两国的数字平台企业占总数的一半以上。虽然中国和美国都是全球的领导者，但是从市值来看，美国数字平台企业的市值远高于中国的数字平台企业，而且在2018年之后两者的差距呈现扩大的趋势。从核心技术、创新能力、规则制定、国际化等角度相比较，中国的数字平台与美国仍有较大的差距。

三　聊城市数字经济发展现状及问题分析

聊城市高度重视数字经济发展，在统筹发展和安全基础上，积极营造数字经济发展的良好环境，陆续出台相关实施方案和行动计划，成立了数字经济工作专班，初步构建既有顶层设计又有具体措施的政策体系，大力推进产业数字化、数字产业化，加强培育数字经济新业态、新模式，不断丰富数字经济应用场景，深入推进数据要素开放共享，开拓了数字经济发展的新局面，数字经济对经济高质量发展的引领作用逐步增强。东阿阿胶入围国家2021年度智能制造试点示范工厂揭榜单位，华泰化工入围省智能制造标杆企业。2022年，聊城市以数字经济园区为抓手，着力引导数字经济园区建设向规范化、特色化、集群化、智能化、绿色化方向发展，并充分发挥数字经济园区支撑和带动作用，助力聊城市数字经济高质量发展。聊城市3家数字经济园区成功入选省级数字经济园区（试点）名单。其中，聊城化工产业园被评为成长型园区，茌平区数字经济产业园、万和通物流园被评为入库型园区。同时，2022年，聊城市16个项目成功入选2022年度山东省数字经济重点项目名单。

为进一步对聊城市数字经济综合发展水平进行了解，并与山东省其他地市进行比较分析，本章从数字基础设施、数字产业化水平、产业数字化水平、新业态模式四个维度构建指标体系（见表7-1），并采用熵值法对聊城市近年来数字经济发展综合水平进行评价和比较。根据测度结果可以得出（见表7-2），数字经济发展水平排序大体上与经济总量排序一致。青岛市的数字经济发展水平最高，其次为济南市。聊城市数字经济发展水平由2016年的0.1187提升到2020年的0.1371，增长了15.5%。从测度的年份来看，聊城市数字经济发展水平综合指数低于山东省平均水平，但与山东省数字经济发展水平平均数值的差距逐渐缩小，由 2016 年的 0.1622 下降到 2020 年的 0.1477。从 2016—2020 年的平均值来看，聊城市在山东省的排名为第 14 位，与聊城市 2021 年 GDP 在全省的排名相当。从测度的具体数值来看，2016—2020 年，聊城市数字经济发展水平综合指数均值为 0.1202，仅高于日照市和枣庄市。

表 7-1　数字经济发展水平评价指标体系

一级指标	二级指标	三级指标	单位
数字经济发展水平综合指数	数字基础设施	互联网宽带接入用户	万户
		移动电话用户数	万户
	数字产业化水平	规模以上工业企业 R&D 经费支出情况	万元
		规模以上工业企业 R&D 人员折合全时当量	人年
		专利发明数	件
		电信业务总量	亿元
		信息传输、软件和信息技术服务业的城镇单位就业人员平均工资	元
	产业数字化水平	企业中每百名员工拥有计算机数	台/百人
		有电子商务交易活动的企业占比	个
		每百家企业拥有的网站个数	个
	新业态模式	电子商务销售额	万元
		电子商务采购额	万元

表 7-2　2016—2020 年山东省各地市数字经济发展水平综合指数

地级市	2016 年	2017 年	2018 年	2019 年	2020 年	均值	均值排名	2021 年 GDP 排名
济南	0.6026	0.6016	0.5966	0.5998	0.6304	0.6062	2	2
青岛	0.8799	0.9158	0.9941	0.9858	0.9964	0.9544	1	1
淄博	0.3779	0.3567	0.3341	0.3216	0.2657	0.3312	5	7
枣庄	0.0948	0.0765	0.0738	0.0724	0.0717	0.0778	16	16
东营	0.1736	0.1917	0.1689	0.1935	0.2118	0.1879	8	11
烟台	0.3954	0.3619	0.3663	0.3370	0.4171	0.3756	4	3

续表

地级市	2016 年	2017 年	2018 年	2019 年	2020 年	均值	均值排名	2021 年 GDP 排名
潍坊	0.4110	0.3779	0.3691	0.3446	0.4188	0.3843	3	4
济宁	0.2961	0.2842	0.2438	0.2125	0.2316	0.2536	7	6
泰安	0.1349	0.1318	0.1346	0.1404	0.1343	0.1352	12	12
威海	0.1511	0.1455	0.1230	0.1400	0.1700	0.1459	11	10
日照	0.1080	0.1315	0.1176	0.0988	0.1014	0.1115	15	15
临沂	0.3055	0.2869	0.2917	0.2572	0.2754	0.2834	6	5
德州	0.1388	0.1222	0.1702	0.1636	0.1808	0.1551	10	9
聊城	**0.1187**	**0.1180**	**0.1172**	**0.1100**	**0.1371**	**0.1202**	**14**	**14**
滨州	0.1460	0.1318	0.1209	0.1119	0.1316	0.1284	13	12
菏泽	0.1597	0.1575	0.1934	0.2200	0.1822	0.1826	9	8
均值	0.2809	0.2745	0.2760	0.2693	0.2848	—	—	—

依据指标体系细分维度测度结果以及聊城市现实发展情况来看，聊城市数字经济发展水平相对不高的原因主要包括以下几方面：

一是经济总体规模有待做大。区域经济实力是数字经济发展的基础。从区域经济总体来看，近年来聊城市经济总量稳步提升，但由于多种复杂因素的交织，聊城市经济总量没有实现质的突破，尤其是人均产值方面的劣势尚未较好地改善。经过多年的积淀，聊城市产业基础好，集中度较高，但产业链条延伸不够，产业链上下游企业关联度较低，产业间的相互配套相对薄弱，产业集群效应未得到充分发挥。主导产品多以基础原料、中间体等为主，中、下游的深加工企业较少，技术含量与附加值高、规模效益显著的高端产品、终端产品数量有限。目前全市企业高层次研发中心数量较少，高端顶尖人才缺乏，科技成果转化率不高，导致企业创新能力、研发力量相对薄弱，盈利空间拓展有限，制约了新技术的投资应用、就业者收入的提升、税收规模扩张，导致数字经济发展动力不足。

二是产业数字化程度有待提高。产业数字化是数字经济的主要构成部分，也是当前聊城市发展数字经济的重要方向。近年来，聊城市农业、工业、服务业的产业数字化转型虽然取得了一定成效，但从发展水平来看，互联网、大数据、人工智能和实体经济深度融合的程度依然不够，传统产业数字化转型相对滞后。农业信息化发展水平依然较低，农村电商规模小，其作用的发挥不充分。智能制造、服务型制造、规模化定制等制造业数字化新模式的应用水平不高。社会服务、城市治理数字化发展速度加快，数字化水平显著提升，但生产性服务业数字化程度较低。

三是数字产业化水平有待提升。当前，聊城市数字技术企业数量少、规模小，年营收 500 万元以上的软件企业不到 10 家，物联网、云计算、大数据、人工智能、5G、区块链、VR 等新一代信息技术等新兴数字产业的发展较为滞后，数字化新产业、新业态、新模式的发展速度较慢，聊城数据湖产业园、阿里云创新中心·智汇谷产业基地等项目尚未形成规模化效益。

四是基础设施有待完善。传统基础设施数字化改造投入较少，投资建设模式单一，社会资本参与基础设施建设的机制体制有待进一步完善，政策体系的支撑引导作用尚未充分释放。以信息基础设施、融合基础设施、创新基础设施为核心的新型基础设施，特别是支撑数字经济发展的新一代新型信息基础设施建设仍然较为薄弱，建设内容不够丰富，新基建的推广使用不够广泛。

五是发展环境有待优化。数字经济专业的人才较为缺乏，既有行业背景又有数字化素养的复合型人才培养和引进力度有待加强。部分企业对数字经济认识程度不高，对使用数字技术提高效率和促进转型的作用了解不够。激发创新创业的环境有待进一步营造。目前聊城市还没有建立较为完善的数字经济统计指标体系，难以对全市的数字经济运行情况进行精准监测。

四　加快推进聊城市数字经济发展的建议

为加快数字经济发展，聊城市应从自身要素禀赋和经济现实基础出发，坚持多元化原则，补齐"存量"短板和做强"增量"优势，因地制宜、因企制宜地发展数字经济。

（一）加快数字技术规模化应用，推进数字产业化

数字产业化是发展数字经济的重要内容，数字经济发展的前提是信息技术和数字技术的发展。当前，以互联网、大数据、人工智能为代表的新一代

信息技术日新月异，数字产业化新业态、新模式不断涌现。要想在新一轮竞争中抢占先机，就要聚焦发展重点，集中力量推进数字产业化。一是强化基础设施支撑。支持传统基础设施数字化建设和改造，加快建设新一代信息网络基础设施，为数字产业化发展提供强有力的支撑。结合聊城市实际，积极推进区块链技术在互联网金融、电子商务、共享经济、农产品安全追溯等领域的应用。引入或开发面向产业转型、社会治理、政务服务、民生保障等领域的应用软件。二是加快示范平台建设。加快推进数字化城市建设，在城市规划、建设、治理、服务等领域，推动人工智能、大数据、物联网、虚拟现实、增强现实、5G通信等信息技术应用，探索构建以"城市大脑"为中心的智能化管理服务体系。加快推进数字化园区建设，支持建设"智慧工厂""无人工厂"，实现园区企业上云全覆盖。三是完善配套政策。探索创新和完善相应的配套政策，通过采取对于重点数字技术企业，财政给予贴息、奖补或股权激励等多种举措，为促进数字经济创新发展创造适当的条件。

（二）积极引导数字经济和实体经济深度融合，提升产业数字化水平

当前，互联网及信息技术在经济和社会发展领域的应用逐步深化，推动了产业间的相互渗透，营造了产业融合的外部条件，在不同产业或同一产业内的不同行业，通过相互渗透、相互交叉，催生出多技术、多业态融合的生产与服务系统，逐步促进新产业或新业态的融合发展。聊城市产业基础较好，人口规模优势明显，应以新型基础设施建设为契机，加强人工智能、工业互联网、物联网等新型基础设施在研发设计、生产制造、组织管理等领域的应用，提升实体经济数字化、网络化、智能化水平，增加实体经济与数字技术融合的广度和深度，以数字化拓展实体经济发展的新空间。大力发展精准农业、智能制造、工业互联网等创新实践，加快企业"上云用数赋智"，培育一批智能工厂和数字化车间，推动传统产业数字化转型，努力形成以新产品、新产业、新业态为代表的数字经济供给体系。重点引领制造业企业通过优化业务流程、创新组织管理机制，推动企业组织管理由以流程为主的线性范式向数据驱动的扁平化、协同化范式转变，形成信息高效流转、需求快速响应、创新能力充分激发的组织新架构，推动实体经济的智能化、高端化发展。

（三）系统梳理总结先进经验，发挥数字化转型典型企业引领作用

当前，新一轮科技革命和产业变革深入发展，对于多数企业而言，数字化转型不是选择题，而是必答题。但是，目前虽然多数企业对数字化转型的重要性已达成共识，但现状是"做"落后于"想"，尤其是一些中小企业由于投入不足、认知不足、人员不足、路径不清楚、信心不够，存在"不想转、不敢转、不会转"等突出共性问题。由此，可对区域内数字化转型较为成熟或先进的企业进行经验总结，形成可复制、可推广的数字化转型模式，为其他企业数字化转型提供借鉴，增强企业数字化转型意愿。同时，产业链上下游企业分工合作、相互依存，大企业更容易影响到中小企业，链条内也更容易形成协同数字化转型的模式，所以应鼓励有条件的龙头企业、链主企业开放数据资源，激励龙头企业利用自身优势，发挥引领作用，带动产业链上下游中小企业协同转型，这也有利于提升产业链、供应链的韧性，推动大中小企业融通发展，助力构建更完整的产业生态。在数字化转型的推进路径、环节上，可以从更加贴近收入与成本的营销、采购环节入手，形成一定的数字化运营能力后，逐步向生产、管理等环节递次推进。在推进上下游企业数字化过程中应加强对专业技术人员的培训，加强与高等院校、科研院所联合建立研发机构，提升数字化转型能力。

（四）多措并举、协同施策，着力塑强数字经济人才队伍

习近平总书记指出："人才是第一资源。国家科技创新力的根本源泉在于人。"在数字化的进程中，人才是第一要素。数字化转型不只是技术转型，从根本上说，是人才的转型。数字化人才是数字经济发展的基础和保障，直接影响数字经济发展速度与水平。当前，聊城市科技人才规模不断扩大，对数字经济人才的吸引力不断增强。未来，应进一步发挥人才优势发展数字经济，着力培育和引进数字战略管理、数字研发分析、数字技能制造、数字营销运营人才等，加快形成结构多元、层次合理的人才队伍。充分学习借鉴数字经济产业发达地区有关产业人才扶持政策，结合自身实际和数字经济人才特点，形成数字经济人才专项扶持政策，进一步优化人才优惠政策，广泛吸纳国内外优秀人才；着力培育更多创新研发与高层次应用型专业人才、善于跨界整合的高端人才；加强职业教育，培养高素质技术技能人才；引导企业优化综

合型数字化人才的开发投入机制和选拔培养体系，确保数字人才队伍的建设跟上数字经济发展要求。大力支持数字经济企业独资或与企业、高校、科研单位、行业协会等通过"人才飞地"以项目合作、技术指导、培训咨询等多种方式柔性使用海内外创新资源丰富城市人才智力资源。

（五）加快构建与数字经济发展阶段相适应的治理体系，提高数字经济治理能力

数字经济的快速发展需要有良好的网络环境和制度环境，这离不开治理能力的有效提升。由于数字经济具有平台化、数据化、共享化等内在特点，在数据共享、隐私保护和数据标准等市场基本制度的形成上，微观企业和市场本身能够发挥的作用相当有限，政府治理在一定程度上发挥了平台和规则制定者的作用。针对数字经济的特点，探索建立与数字经济持续健康发展相适应的治理方式。加快构建数据标准体系，探索数据共享机制，为数字产品和服务的自由流动创造更为良好的条件；加强数字经济关键要素的权属、保护、分类、交易机制等研究；完善数据治理规则，充分利用大数据技术提高数字经济的治理能力，把握发展与治理的平衡点，构建规范有序的数字化治理体系，最大限度地发挥数字经济在聊城市经济创新驱动和高质量发展转型中的作用和价值。发挥数字经济在要素配置中的低成本效应，促进劳动力、资本、技术等要素在国内市场范围内的自主有序流动。发挥数字经济的时空压缩效应，扩大要素市场化配置的规模与领域，盘活市场中"沉睡"的要素资源，最大限度地激发潜在要素资源的效能。

（六）探索建立数字经济统计监测体系，精准把握数字经济发展态势

开展数字经济单位认定、监测内容设计、统计核算方法、指标体系构建等方面的研究工作，明确数字经济内涵、分类，确定数字经济及其核心产业的基本范围，建立数字经济统计监测制度，为开展数字经济统计监测工作奠定基础，定期反映全市数字经济发展情况和趋势，为全市数字经济高质量发展提供坚强的统计保障。建立多样化的统计数据采集渠道，推动政府与互联网平台企业的合作，拓展数字经济统计调查的数据来源，加强统计部门与行业部门的协作分工，明确数字经济统计工作的组织方式；积极推动部门间统

计数据共享，拓展数字经济的数据来源渠道，满足多角度监测数字经济发展的需要，及时反映数字产业、数字技术与经济活动的深度融合情况；推进数据加密、防泄露、信息保密等专用技术的研发及应用，逐步建立安全可信的网络与信息安全技术体系。

参考文献

杜传忠，郭美晨. 第四次工业革命与要素生产率提升 [J]. 广东社会科学，2017，187 （5）：5-13，254.

宁朝山. 工业革命演进与新旧动能转换——基于历史与逻辑视角的分析 [J]. 宏观经济管理，2019，433（11）：18-27.

肖旭，戚聿东. 产业数字化转型的价值维度与理论逻辑 [J]. 改革，2019，306（8）：61-70.

吕铁. 传统产业数字化转型的趋向与路径 [J]. 人民论坛·学术前沿，2019，178（18）：13-19.

郭晗，廉玉妍. 数字经济与中国未来经济新动能培育 [J]. 西北大学学报（哲学社会科学版），2020，50（1）：65-72.

罗珉，李亮宇. 互联网时代的商业模式创新：价值创造视角 [J]. 中国工业经济，2015，322（1）：95-107.

王姝楠，陈江生. 数字经济的技术—经济范式 [J]. 上海经济研究，2019，375（12）：80-94.

第八章 数字经济与聊城市产业深度融合发展研究

《"十四五"数字经济发展规划》指出，数字经济是继农业经济、工业经济之后的主要经济形态，是以数据资源为关键要素所形成的经济社会运行新模式。党的十八大以来，我国实施网络强国战略、国家大数据战略，建设数字中国、智慧社会，数字经济取得了举世瞩目的发展成就，总体规模连续多年位居世界第二，对经济社会发展的引领支撑作用日益凸显。习近平总书记指出，国家政策要推动数字经济和实体经济融合发展，把握数字化、网络化、智能化方向，推动制造业、服务业、农业等产业数字化，利用互联网新技术对传统产业进行全方位、全链条的改造，提高全要素生产率，发挥数字技术对经济发展的放大、叠加、倍增作用。近年来，聊城市加快推动数字经济发展，数字基础不断夯实，数字技术不断创新，数字产业不断壮大。本章主要以聊城市数字经济与产业深度融合为研究对象，在理论分析数字经济与产业深度融合的机制与模式的基础上，实证分析聊城市数字经济与产业深度融合存在的问题，并提出针对性的对策建议。

一 数字经济与产业深度融合的机理分析

（一）数字经济推动经营模式变革，拓宽产业发展空间

数字经济与产业的深度融合并不是数字经济的简单应用，而是以新型数字化基础设施为基础、大数据为关键要素、破坏性创新为基本特征、全产业链条为范围的融合型新业态。数据要素蕴含的巨大价值，为数字经济从多个维度推动产业提质增效、实现高质量发展奠定了坚实的基础。在数字经济时代，数据作为经济发展中最重要的要素被嵌入生产、流通和消费的各个环节，

这将极大地提升资本、劳动力、土地等传统生产要素的配置效率，改变传统产业的业务流程模式，重塑价值链和产业链，增加产业的附加值和科技含量。数字经济为企业提供了持续的洞察发现力，大量个性化、小众化的需求被深度发掘，实体经济的发展空间被极大拓展。为了满足消费者高度个性化、多样化的消费需求，企业必须重塑自身架构，由以往以产品为主导的商业逻辑转变为以消费者需求为主导的商业逻辑，企业的价值创造焦点也由产品研发转向消费者与企业之间的互动，并变革实体经济产业部门的运营模式和商业模式。实体经济蕴藏着丰富的应用场景，能够沉淀出海量数据。在传统经济发展过程中，这些数据的生产性价值较低，而在数字经济时代，利用大数据、区块链等技术对海量数据进行采集、储存、加工后，将数据转化成可用资源，可以实现数据要素的大范围扩散，充分发挥数据的基础资源作用和创新引擎作用，推动数字经济走向网络化协同、数据化生产、融合化发展的新时代。数字经济重构了实体经济的要素体系，通过将旧资源与新技术有机结合，将原本不同部门、不同行业、不同地域、不同领域的生产要素进行高效组合，不断提高实体经济部门的资源配置效率。以现代服务业、高科技产业为代表的一系列新兴产业的发展高度依赖互联网信息等资源，因而对新型互联网基础设施的需求更大；其他传统实体经济产业为了提升自身发展质量、快速转型升级，会着力突破自身以往的成长路径，提供更加高效便捷、协同集成、个性多样的产品或服务。

（二）数字经济提升产品供给水平，提高产业供给效率

随着5G、人工智能、工业互联网等新一代信息技术的广泛应用，经济发展过程中出现了创新组织的小型化和分散化趋势。在传统发展路径下，实体经济发展是一种"供给创造需求"的模式，创新发展的动力主要来自大企业，盈利模式主要是规模经济。在数字经济与实体经济融合的背景下，高度分散化、个性化的产品和服务需求被释放出来，创新发展动力转向以定制化和众包化为特征的万众创新模式，这种新的特征即"需求引导供给"，可加快制造业的创新迭代速度，特别是在数字技术与增材制造等新型技术结合的背景下，基于数字技术的定制化生产和智能化制造将对促进制造业的产品创新起到至关重要的作用，形成经济发展的新动力。在产品层面，数字经济使生产能够更好地满足个性化、定制化的消费需求，提高供给效率，避免产能过剩。在

传统生产模式中，企业在市场竞争的压力下，为了充分利用规模经济带来的成本优势，往往生产的是标准化、无差异的产品，消费者的个性化需求很难得到满足。随着互联网、大数据、人工智能等数字技术的兴起与大规模应用，企业定制化、多样化生产的成本大幅下降，满足消费者的个性化需求成为可能。在供给端方面，数字经济的融入能够催生出智能制造、生物医药等新产业和智能汽车、无人机等新型产品；在需求端方面，数字经济会改变居民的消费行为与消费决策，实现生产方式与居民消费之间的循环升级。从消费者角度而言，数字技术的发展降低了搜寻成本，消费者更容易发现并购买到符合自己需求的产品，获得个性化的消费体验，消费需求呈现出明显的多样化特征。在个性化、定制化的生产方式下，消费者不再是生产过程中的被动接受者，他们可以通过在线购物、留言评价等多种方式，以非常低的成本参与到产品设计和制造环节。通过互联网等传输载体，消费者能够将自己的个性化需求数据直接提供给企业，帮助企业设计出体现独特个性的产品。从企业角度而言，数字技术的发展使企业能够以较低的成本获知消费者的需求，捕捉到消费者的个性化偏好，企业可以在数字技术和数据信息的"指挥"下安排原料采购、生产与销售，由大批量、标准化的工业化生产转向小批量、个性化的数字化生产。小批量、个性化的生产能够使企业避免落入同质化竞争的陷阱，提高竞争力和经济效益，因此近年来个性化定制生产已逐步成为数字经济时代企业发展的一大趋势。

（三）数字经济推动产业的智能化、网络化

5G、工业互联网、物联网等新型数字基础设施融合感知、传输、存储、计算、处理于一体，为产业发展提供可信的计算和存储能力。新型数字基础设施不仅加强了产业之间的互联互通，还为数字经济与产业融合发展奠定了技术层面的融合基础，进而使实体企业全流程业务的数字化、智能化、绿色化发展和精细化管理成为可能，推动实体经济的发展模式和生产方式产生变革。以人工智能为代表的智能化制造模式能够优化生产流程，缩短生产周期，提升生产效率。企业可以从生产过程中产生的海量数据中挖掘到有价值的信息，指导车间运行机制的进一步优化，实现大数据驱动下"关联+预测+调控"的车间运行分析与决策新模式。人工智能对传统的生产模式产生了巨大冲击，极大提高了生产的自动化水平，减少了对劳动力的需求，提高了资本的回报率，促进了资本积累。人工智能的应用普及能够提高我国制造业的智能化水平，推动制造业整体迈上新的台阶。工业互联网在制造领域的不同环节植入传感器，对制造过程进行实时感知和数据收集，并借助数据对工业环节进行精准控制，最终实现生产效率的提升。工业互联网既可以看作智能化制造的延伸，也代表了网络化生产的方向。随着数字经济的发展，数字技术的开放、平等、共享等特点给传统生产组织方式带来了越来越大的挑战，越来越多的企业开始尝试建立更加灵活、更具柔性的组织方式，以应对越来越激烈的市场竞争。与此同时，互联网、大数据等数字技术大大提高了信息的流动性和穿透性，降低了交易费用和协调成本，促进了更大范围和更深层次的市场分工，协同化、灵活化的企业组织形式日益增多。

（四）数字经济能够有效降低生产能耗，推动产业绿色转型

在数字经济发展迅猛的今天，信息、数据、知识已融入生产、消费的各个阶段，准确应用数字经济可有效促进制造业绿色转型。首先，5G、物联网等数字经济基础设施可优化资源要素集约、节约化配置，以新技术为传统产业赋能提效。其次，数字经济应用程度的提升可以保证实时监控生产、销售的各个环节，提高企业的品控能力；同时，数字经济衍生品的出现不断鼓励消费者直接参与产品设计、生产等环节，打造产品全生命周期服务体系。最后，数字经济发展规模的扩大会触发网络效应，带来数字经济价值的指数级增长，不断替代和淘汰传统高污染和高耗能的落后产业，进而对产业进行全方位、全链条的智能化、清洁化改造，实现生产效率和节能减排"双提升"。技术创新作为实体经济的发展动力，其带来的新技术、新工艺、新模式将极大优化生产流程和工序，减少产业链、供应链各环节的能源消耗，减少环境污染，以更加灵活、高效、绿色的方式促进发展，进而助力制造业绿色转型。从创新主体来看，技术创新主要分为生产创新、产品创新、制度创新和创新生态系统的构建，企业创新能力的提升可显著提高生产效率，减少碳排放，助力制造业绿色化发展，同时有利于企业对标国际标准，不断满足消费者个性化需求。从创新形式来看，企业不仅要有从0到1的原始创新、基础创新，还要有从1到100的科技成果转化为生产力的创新，更要有从100到100万的大规模生产转化为新兴产业体系的创新，三者协同、互补发展可有效促进制造业绿色转型。从创新效果来看，技术创新与产业政策的整合可促进生产性

服务业集聚，推动制造业高质量发展。进一步地，绿色技术创新可提高企业能源利用效率，优化能源结构，提升绿色全要素生产率，助力制造业绿色创新发展。

数字经济通过"加大创新投入—提升创新效率—优化创新产出"驱动制造业实现绿色转型。一方面，创新活动本身需要企业投入大量人员、资金等要素，基于数字经济的创新活动可有效配置要素投入，不断改善企业结构，建立高度互联互通的网络化机制，提高企业全要素生产率；同时，创新效应不断向上下游延伸，通过关联效应不断形成创新生态系统，实现产业链、供应链协同创新。另一方面，数字经济本身具有的高创新性使其成为制造业技术创新的重要引擎，通过扩散效应产生创新激励，加速推动制造业领域的绿色低碳技术实现突破。另外，数字经济的高渗透性带动企业创新不断深入产品生产、销售服务、风险管理等各个方面，促进企业高质、高效、绿色发展；同时，数字经济的高协同性带动的绿色技术创新在制造业绿色转型进程中不断发挥作用，助力实现效益最大、能耗最低的绿色化生产制造。

二　聊城市数字经济与产业深度融合的现状

聊城市高度重视数字经济发展工作，2020年成立了聊城市5G建设推进工作专班，统筹推进全市5G产业发展；2021年又成立了由市委、市政府主要领导同志为组长的聊城市数字经济发展领导小组，由市长任组长的聊城市数字经济工作专班，协调全市数字经济发展。此外，聊城市先后印发了《聊城市加快推进5G产业发展实施方案》《聊城市数字经济发展规划（2021—2025年）》《聊城市新基建三年行动方案（2021—2023年）》《聊城市加快工业互联网和工业大数据发展实施方案》和《关于贯彻落实〈聊城市数字经济发展规划（2021—2025年）〉的实施方案》等一系列规划措施，明确了聊城市数字经济发展目标，制定了数字经济发展路径和措施，为推动聊城市数字经济稳步增长、产业数字化赋能提升、基础设施持续完善、数字化治理不断优化，建立了较为完善的规划政策体系。聊城市充分发挥统筹协调作用，紧抓数字经济核心产业发展，大力推进传统产业数字化转型升级，不断加强基础设施建设，加大重点项目培育力度，推动全行业数字经济发展不断取得新成效。

（一）数字经济核心产业持续高速发展

近年来，聊城市数字经济核心产业持续保持高速增长。2021年，数字经济核心产业增加值增速为119.49%，占GDP比重较上年提高0.77个百分点，达到1.61%（较上年几乎翻一番）。2022年上半年，全市数字经济核心产业营业收入为57.90亿元（2021年上半年营业收入为26.81亿元，），增加值为23.76亿元（2021年上半年增加值为11.08亿元），增加值占GDP比重为1.73%，列全省第九位；增加值增速为114.44%，列全省第六位。

（二）工业数字化转型不断提速升级

近年来，聊城市工业和信息化局着力引导数字经济和实体经济深度融合，深化数字技术在传统产业的应用，推动产业技术变革和优化升级，全市工业数字化转型加快发展。2022年1—8月，全市实施500万元以上的技改项目591个，工业技改投资同比增长29.4%，高于全省平均增幅14.1个百分点。截至目前，全市累计培育省级智能工厂5家、数字化车间14家，培育冠县鑫昌纺织的"设备在线运行监测与故障诊断"入选省级智能制造场景。着力推动产业两化融合。举办2022年数字赋能实体经济山东省轴承产业专场活动，引导企业进一步加大与人工智能、5G技术的深度融合，全力推动制造业产业在更高水平上实现数智转型。开展"上云用数赋智"行动，推动重点企业、工业设备"上云上平台"，提升资源配置效率，全市规模以上工业企业关键业务环节的全面数字化率提升至64.62%，累计实现企业上云13334家，设备上云41578台，4家机构纳入省级上云用云服务配券机构。深入开展DCMM贯标工作，进一步强化企业数据管理意识，加快提升企业数据管理能力，加速企业数字化转型，目前，聊城市33家企业入选省级DCMM贯标试点企业，聊城市入选DCMM贯标试点市。

（三）数字经济重点项目建设成效明显

全市累计培育"三优两重"项目14项（优秀大数据产品、优秀大数据解决方案、优秀大数据应用案例和重点大数据企业、重点大数据资源）。2022年，嘉元新能源总投资30亿元的"年产3万吨超薄电子铜箔项目"、太平洋光纤光缆的"5G通信用超低损耗光纤光缆产业化"等16个项目入选省级数字经济重点项目，顺达塑胶投资 2.3 亿元的"年产 3 万吨 5G 基站天线罩及光纤护套管配套项目"、汉邦电线电缆投资 1.1 亿元的"年产 3.6 万盘电线电缆、500 吨铜丝铝丝项目"、金号家纺投资 2 亿元的"智能化仓库分拣储运中心项目"、腾达电子投资 1.7 亿元的"智能终端语音交互项目" 4 个项目纳入2022 年全市制造业产业链重点项目清单。累计培育了省级示范数字经济园区5 个，其中聊城化工产业园、聊城文化创意产业园被评为成长型数字经济园区。

（四）数字基础设施建设扎实推进

2022 年，新建开通 5G 基站 3100 个，全市累计建成 5G 基站 7330 个，5G信号已实现在主城区、县城核心区、乡镇驻地、重点工业园区全覆盖，正在向农村地区逐步延伸。加快千兆光网建设，引导基础电信企业开展千兆网络接入试点，为宽带网速持续提速奠定网络基础，城区千兆宽带接入覆盖率已达到 100%，全市千兆光网家庭覆盖率达到 70%。依托轴承、纺织、钢板等产业优势，加快工业互联网标识解析体系建设，冠县冠宏工业互联网标识解析综合型二级节点已通过专家评估，临清轴承行业工业互联网标识解析二级节点进展顺利，预计近期将通过评估。推动 5G 场景应用，在工业制造等大领域培育聊云数据湖 5G 应用体验区、东阿阿胶 5G 智能体验工厂、中通客车"5G+无人驾驶" 等一批成熟的 5G 典型应用场景，促进产业转型升级。

三 推动数字经济与聊城市产业深度融合的建议

数字经济是高质量发展的重要引擎，是提升竞争力的重要举措，加速数字经济与产业深度融合，需要充分发挥数字经济在经济社会发展中的引领性、主导性、支柱性作用，让数字经济成为高质量发展的推进器。聊城市 2021 年底出台了《关于贯彻落实〈聊城市数字经济发展规划（2021—2025 年）〉的实施方案》，明确了推动数字经济与产业深度融合的具体任务和政策支持。推进产业数字化和数字产业化，打造一批工业互联网平台和数字经济园区，加快数字经济基础设施建设等将成为未来聊城数字经济发展的重点目标和任务。结合聊城市经济发展现状，参考国内其他地区数字经济发展的经验与模式，提出以下建议：

（1）从相关报告中的数据来看，聊城市数字经济的相关数据比较薄弱，基本以总体规模数据为主，缺少对数字经济发展水平的深入剖析。推动数字经济与产业深度融合，需要对聊城市数字经济发展水平进行科学评估，准确把握聊城市数字经济发展现状，厘清聊城市数字经济的规模、结构、质量、效益等基本情况，了解不同行业和企业对数字经济发展的需求。通过与其他地市数字经济发展情况的对比，找到聊城市数字经济发展的差距，实施跨越式发展。

（2）准确把握企业需求，推进数字经济与产业深度融合。在聊城的产业结构中，农副食品加工、纺织业、化学原料和化学制品制造业、金属加工业等传统产业占比较高，这些传统产业的转型升级需要充分发挥数字经济的作用。对于传统产业，产业数字化融合发展受制于信息化人才，尤其是跨界人才缺乏，专项资金投入不多，数字应用场景开发不深，培育新业态、新模式本领不强等因素。相对于数字产业化，产业数字化的难度更大，需要打破现有的生产技术和制造模式，不仅需要大量的资金投入和技术人才，如何面临转型升级过程中的风险也是需要着重考虑的问题，在产业数字化的过程中，政府的政策支持必不可少。

（3）实施数字经济精英人才引进计划，加大数字经济精英人才的引进及培养力度，集聚国内外数字经济领域优秀的人才和团队。加大对计算机科学与技术、电子通信、大数据、物联网、网络安全等相关专业人才的招引力度。建设融通政府、企业、社会组织、专业人才信息资源的综合性服务平台，打造高层次数字经济人才的招引窗口。鼓励本地高校培养的数字经济人才留在聊城发展。鼓励企业与高校联合制定企业大学计划，建设联合学院、联合实验室、联合项目、假期集训营、实习基地、创新赛事等人才培养内容。加大数字经济应用型人才的培养力度，鼓励行业龙头企业建设数字经济人才实训基地。

第九章　聊城市产业链数字化转型的
路径与对策

随着新一代信息技术革命的兴起，全球已进入数字经济时代，数字经济正推动生产方式、生活方式和治理方式的深刻变革，成为重组全球要素资源、重塑全球经济结构、改变全球竞争格局的关键力量。在此背景下，产业链同样经历着前所未有的大变革，推动数字技术与产业链融合发展正成为产业链转型发展的大趋势。习近平总书记指出，要推动数字经济和实体经济融合发展，利用互联网新技术对传统产业进行全方位、全角度、全链条的改造，提高全要素生产率，释放数字对经济发展的放大、叠加、倍增作用。《"十四五"数字经济发展规划》明确提出"产业数字化转型迈上新台阶"的发展目标。因此，产业链数字化转型具有重要的现实意义。在新产业革命和信息革命背景下，聊城产业链正面临着新旧动能转换和数字化转型的挑战。为此，本章分析产业链数字化的内涵与特征、聊城市产业链数字化的基础、面临的挑战、转型路径和保障措施，以提升聊城市产业链数字化水平。

一　产业链数字化的内涵、特征与发展趋势

产业链数字化是在新一代数字科技的支撑和引领下，以数据为关键要素，以价值释放为核心，以数据赋能为主线，对产业链上下游的全要素进行数字化升级、转型和再造的过程。其具有六方面典型特征：一是以数字科技变革为生产工具；二是以数据资源为关键生产要素；三是以数字内容重构为产品结构；四是以信息网络为市场配置纽带；五是以服务平台为产业生态载体；六是以数字善治为发展机制条件，通过产业数字化全面推动数字时代产业体系的质量变革、效率变革、动力变革，推动新旧动能转换和高质量发展。基于以上特征，产业链数字化呈现以下四个发展趋势。

一是数据要素成为产业链数字化发展的"血动脉"。一方面，数据流引领技术流、物质流、资金流、人才流，驱动产业生产要素的网络化共享、集约化整合、协作化开发和高效化利用，促进生产组织方式集约、发展模式转变和产业生态创新。另一方面，数据已经成为企业核心资产，能够持续激发商业模式创新，不断催生新业态，已成为互联网等新兴领域促进业务创新增值、提升企业核心价值的重要驱动力。

二是科技平台成为产业链数字化发展的"牛鼻子"。科技平台通过改变企业的设计、生产、管理和服务方式，推动数据、劳动、技术、资本、市场等全要素全面互联和资源配置优化，促进供应链、创新链、服务链、物流链、金融链等全产业链上下游高度协同，生产、流通和消费一体化更加广泛，新的经济模式不断涌现。一方面，科技平台是企业数字化转型和创新发展的转换器，驱动生产和管理效率提升、产品供给创新和商业模式变革。另一方面，科技平台是行业数字化转型和协同发展的助推器。

三是服务业成为产业链数字化发展的"领头羊"。得益于国内强大的消费市场和服务业数字化转型发展需求，与制造业和农业相比，我国服务业数字化转型遥遥领先，主要表现在电子商务拉动内需强劲有力，平台经济促进供需对接精准高效，教育、医疗等传统服务业数字化转型步伐加快，生活消费领域一站式服务趋势明显等方面，京东、阿里巴巴、腾讯、百度、美团、拼多多等多家企业市值排名进入世界互联网企业20强。2021年，我国数字经济规模达到45.5万亿元，占GDP的比重为39.8%。服务业、工业、农业数字经济占行业增加值比重分别为40.7%、21%和8.9%。

四是政企协同成为产业链数字化转型发展的"双飞翼"。一方面，政府带头推进一体化数字政府建设，我国31个省（区、市）、新疆生产建设兵团和国务院各部门已全部开通网上政务服务平台。另一方面，企业数字化转型发展意愿强烈。2018年，67%的全球1000强企业和50%的中国1000强企业都将数字化转型作为企业的战略核心。

二　聊城市产业链数字化基础

近年来，聊城市抢抓数字产业变革机遇，出台各种政策，完善数字基础设施，大力引进和发展数字产业，积极推动互联网、大数据、人工智能与实体经济深度融合，促进产业链数字化、智能化。

（一）聊城市数字基础设施逐渐完善

2022 年，聊城市累计建成 5G 基站 7330 个，基本实现主城区、县城核心区、乡镇驻地、重点工业园区全覆盖，正在向农村地区逐步延伸。城区千兆宽带接入覆盖率已达到 100%，聊城市千兆光网家庭覆盖率达到 70%。培育聊云数据湖 5G 应用体验区、东阿阿胶 5G 智能体验工厂、中通客车"5G+无人驾驶"等一批成熟的 5G 应用场景。累计上云企业 1.2 万家。获批国家级制造业与互联网融合试点示范项目 1 个、省级"现代优势产业集群+人工智能"试点示范项目 3 个、省级 5G 产业及应用项目 4 个、省级产业互联网平台 5 家，培育省级数字经济园区 4 个，其中聊城化工产业园和文化创意产业园被评为成长型数字产业园。东阿阿胶入围国家 2021 年度智能制造试点示范工厂揭榜单位，华泰化工入围省智能制造标杆企业。制定《聊城市智能工厂和数字车间认定管理细则》，新增省级智能工厂和数字化车间 15 家以上，推动 1000 家中小企业数字化智能改造。

（二）聊城市数字产业初具规模

聊城市数字经济核心产业保持持续快速增长。2021 年，数字经济核心产业增加值增速为 119.49%；2022 年上半年，增加值增速为 114.53%，列山东省第六位。聊城数据湖产业园、阿里云创新中心·智汇谷产业基地、京东云数字经济产业园、腾讯云大数据基地等项目初步形成了以数字经济园区为载体，集政产学研用于一体的数字经济产业集聚区。

（三）聊城市产业链数字化转型扎实推进

近年来，聊城市围绕省"十强"产业，聚焦 20 条重点产业链，全面推行产业链链长制，大力实施"制造业强市"战略，推进产业数字化转型，着力提升传统产业，积极培育新兴产业，为实现聊城经济社会高质量发展注入强劲动力。2022 年，聊城市新建开通 5G 基站 3000 个，打造更多 5G 应用示范场景，新增企业上云 1000 家。聊城市大中型企业普遍采用了 CAD、CAM、MES、PDM、ERP 等信息系统，高危或劳动强度大的工序普遍采用了工业机器人。东阿阿胶"阿华医疗工业互联网营销平台"、九路泊车"互联网+智能立体车库+大数据云平台管理系统工程"被评为"新经济示范推广项目";鲁西化工被评为"中国智慧化工园区试点示范单位"。

"互联网+农业"积极推进。运用遥感、云计算、大数据等技术,建立农业数字地图,农业现代化水平明显提高。部分蔬菜大棚运用温室管家等农业物联网系统,实现了远程控制蔬菜生产环境,自动放风调温,自动喷雾施药,自动补光灯。部分规模化养殖企业采用智能化养殖设备,实现了自动投料、自动供水、自动控温、自动除粪。初步建立了农产品质量追溯系统,对部分蔬菜基地、农产品加工企业和农资经营门店实行了远程监控,记录产品从源头生产到市场销售的所有信息,实现一物一码。

服务业数字化加快发展。建设了重点景区客流检测与指挥调度平台,实现了景区信息化集成与大数据联动,孔繁森同志纪念馆、中华水上古城等景区逐步实现了互联网、AR/VR 等技术的综合运用。建设了全民健康信息平台,实现了医院、医疗、健康体检等信息共享。跨境电商、农村电商等加快形成,培育扶持了一批电商产业园、电商聚集区。网红经济、直播电商迅猛发展。物流行业数字化转型加快,搭建了"互联网+物流"平台,涌现出了一批无车承运人,网络货运模式加快推广。智慧物业加快发展,首批选定聊城主城区五个小区开展试点。

(四)聊城市出台各种产业链数字化支持政策

近年来,聊城市不断推进产业链数字化发展,制定实施《聊城市新基建三年行动方案(2021—2023 年)》《聊城市加快工业互联网和工业大数据发展实施方案》《关于贯彻落实〈聊城市数字经济发展规划(2021—2025 年)〉的实施方案》《聊城市支持制造业高质量发展 20 条措施》,推动互联网、大数据、人工智能与实体经济深度融合,制造业数字化、智能化水平有效提升。

三　聊城市产业链数字化转型面临的挑战

(一)数字化转型能力不够

聊城市中小企业信息化、专业化程度较低,核心数字技术供给不足,数据采集率低,产业链协同难,难以依靠自身实现数字化转型,需龙头企业、科技平台、数字化转型促进中心等赋能。只有 10% 左右的企业实施了 ERP 和 CRM 方案，6% 左右的企业尝试了 CSM 方案。绝大多数企业的信息化水平仍停留在文字处理、财务管理等办公自动化及劳动人事管理阶段，大数据、企业云、数字化会议等在企业中的普及率仍然不高。此外，目前市场上提供的科技平台多是通用解决方案，无法满足企业、行业的个性化、一体化需求。

（二）数字化改造成本偏高

企业数字化转型是一项周期长、投资大的复杂系统工程，从软硬件购买到系统运行维护，从设备更新换代到人力资源培训，都需要持续的资金投入。以美的数字化转型为例，连续八年投入超过 100 亿元。尽管部分部门和县级政府为企业上云、智能工厂建设等提供了一定支持，但聊城市多数传统企业仍然面临生存压力，数字化转型的投入远远不足。

（三）多层级组织模式不灵

数字化转型将重构企业组织模式，基于小型化、自主化、灵活化的决策单元，构建扁平化、平台化的新兴组织架构。传统企业层级复杂、多重领导和反应迟缓的组织模式已不适应数字化时代，数字化时代要求更快的信息交互，缩短数据生产、流通、加工等周期，而传统的组织模式人为割裂数据的生产、流通、加工环节，势必造成数据流通不畅。此外，多数企业没有强有力的制度设计和组织重塑，部门之间数字化转型的职责和权利不清晰，缺乏有效的配套考核和制度激励。

（四）数字化转型战略不清

数字化不仅是技术更新，还是经营理念、战略、组织、运营等全方位的变革，需要做好顶层设计，明确发展目标、推进步骤和工作举措，实现战略性、整体性、规范性、协同性、安全性和可操作性。然而，部分企业数字转型思路不清、意识不坚定，没有从企业发展战略的高度进行谋划，导致转型失败。此外，部分企业缺乏对数字化战略的系统性思考，仅进行局部数字化改造，难以发挥整体效应。

（五）数字化要素储备不足

目前，聊城市制造企业信息化基础较差，孤立生产运行设备产量大，工人素质普遍不高，缺少数字化管理团队和信息技术人员，尤其缺少复合型人才。现阶段，各家企业对数字化的价值意义普遍缺乏认知，尚未形成良好的市场效应。产业链数字化转型需要数据存储中心、各种工业互联网应用及其相关人才，而这些数字化基础设施一般投资较大，大数据建设正处于初级阶段，还不能满足企业发展需要。

四 产业链数字化转型的理论分析框架

（一）数字化与产业链融合的机理

在数字化背景下，应将数字化与产业进行结合，以数据重构产业全要素、全产业链、全价值链，实现产业资源的泛在连接、弹性互补和高效配置，破除产业发展困境。

从价值、技术和业务视角可以看到数字化与产业融合的结构与作用，如图9-1所示。从数字化对产业价值的重构方面来看，数字化将利用数据、工业软件、云计算等现代化信息技术驱动制造业生产要素、价值链和产业链全方位连接和重组，突破产业内外部割裂的生产方式，整合产业链上下游企业，使这些企业由单链条串行生产方式转变为多链条并行协作方式，促使产业形成新的分工模式，产生一些新技术、新产品、新业态和新模式，并且达到降耗、降本、增效和提质的效果，实现对企业乃至产业的重构。

从数字化赋能产业的技术支撑方面来看，企业需要搭建5G网络，建设数据中心，购买人工智能设备和工业互联网平台等新型基础设施，以便企业进行数据采集、传输、计算、分析、应用。产业链数字化框架一般由四个层级构成，即边缘层、云基础设施（Iacc）、工业平台层（工业PaaS）、工业应用层（工业APP）。

从数字化赋能产业的业务落地方面来看，将数字化技术应用于设备、企业单元、企业和产业链，将信息物理系统、人工智能技术推广到企业各个环节，实现互联互通，使原有组织界限逐渐模糊，使各企业原有的竞争关系转变为竞合关系，逐步形成智能化生产、网络化协同、个性化定制和服务化延伸模式。

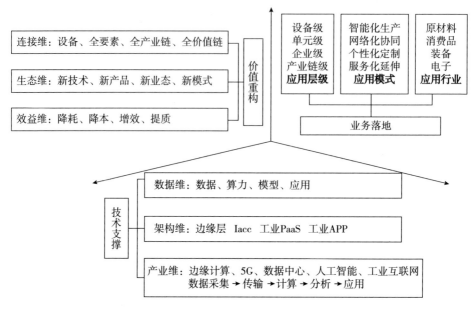

图 9-1　数字化与产业链融合的价值重构、技术支撑和业务落地

（二）数字化重塑产业链路径

数字化赋能产业链的路径可以从数字化对产业链的影响看出，通过数字化可以将研发、设计、生产、销售四个环节进行重组，实现生产要素、价值链、组织结构的重组。微笑曲线是指将产业链分为四个环节，即研发、设计、生产制造、营销与服务，这四个环节从附加值或者利润角度又分为两个区间，即获利高区间和获利低区间，其中研发、设计、营销与服务环节处于高利润区间，而生产制造环节处于低利润区间。在国际制造业的价值链分工体系中，研发、设计、营销与服务这些高利润环节一般被发达国家占据，而发展中国家往往占据着生产制造这一低利润环节，且大多处于低端锁定状态，较难向研发、设计和品牌营销与服务延伸。随着新一代信息技术、数字技术与制造业的不断融合，产业将创新发展出各种新的生产模式，如个性化定制、网络化协同、服务化延伸和智能化生产等模式，这些模式将前端研发设计交给用户，用户直接向生产制造企业下订单，从而直接销售，弱化了销售环节。这样一来，微笑曲线有可能被重塑，数字化技术将逐渐拉平微笑曲线，使各个环节的利润趋同，重新形成新的价值环。生产制造企业可以通过数字化技术不断向研发、设计、营销与服务延伸，从而实现价值链的各个环节共同创造价值、共同传递价值、共同分享价值。随着消费者自主意识和个性化意识的增强，在数字化参与的制造业微笑曲线模式下，用户将全程参与价值链的研发、设计、生产制造、营销与服务环节，从根本上颠覆传统产业价值链的垂直分工体系，使生产制造环节与其他高端环节的利润持平，甚至在某些行业，生产制造环节将超越其他环节的价值创造能力，因此微笑曲线的理论解释力将慢慢失去现实基础（见图9-2）。

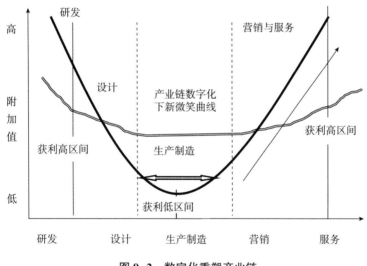

图9-2 数字化重塑产业链

五 聊城市产业链数字化转型的路径与对策

（一）数据要素驱动产业链数字化

以大数据、云计算、人工智能为代表的数字科技的迅猛发展，以及在众多行业领域的深度应用催生了海量数据，并演化成了一种新生产要素。数据资源成为现代企业价值创造的生命线和数字科技发力的新引擎，数据要素驱动产业链数字化转型已经成为全球共识，越来越多的国家或企业希望通过数字化实现能力提升或弯道超车。通过数据要素分析精准了解客户需求，探索大规模个性化定制、新型小批量个性化定制、模块化设计与柔性化制造等多元化的个性化定制服务模式。基于数据要素实现产品数据与个人数据的精准匹配，让全产业链从设计、研发、生产制造到营销与服务各个环节以一种透明化、可视化、灵活化的方式运行，最终实现产业生产能力与消费需求联动，从而最大限度地提升企业生产效率，实现全链条效能提升，加速产业数字化转型。通过对数据资源价值的挖掘和利用催生出更多新商业模式，近几年出现的共享经济、平台经济、生态经济，以及新冠疫情期间出现的无接触式配送等商业模式，均离不开数据要素的驱动。因此，为了推进聊城市产业链数字化转型，一方面要加快建设大数据中心；另一方面要加强研发、生产制造、营销与服务的数字化建设，将数字技术应用到传统生产、经营、管理、服务等过程中，加强企业生产现场设备的数据整合，利用大数据精准感知消费者需求，促进基于消费者需求和消费者参与的创新设计，向研发环节延伸，提高研发效率，利用生产过程的大数据优化生产流程，加强设备管理，提高产品质量，降低能源消耗，提升经营管理效率，打通售前、售中、售后的数据链条，打造基于客户服务环节大数据的新型营销模式。

（二）科技平台支撑产业链数字化

平台模式是数字化转型和落地的主要实现方式，科技平台是产业要素资源的连接器，是产业数字化转型的工具箱。模式多样、内容丰富、形态各异的数字科技平台是当前破解企业数字化转型阶段"不敢转、不会转、不愿转、不善转、不能转"难题的关键之举，在产业数字化进程中发挥产业要素资源连接器、企业加速器、新型虚拟组织形式孵化器的积极作用，使长期困扰企业的数字化转型成本高、数字化专业人才短缺、数字化转型能力不足等问题迎刃而解。科技平台汇聚了大量产业数据、模型算法、研发设计等各类资源，接入平台的企业可以通过云接入及云处理等技术手段共享数字资源与数字能力，对分布在平台上的企业资源管理、业务流程、生产过程、供应链管理等环节进行优化，进而帮助实现企业与外部用户需求、创新资源、生产能力的对接。数字科技平台搭建者借助平台推动内部系统的纵向集成和供应链上下游企业间的横向集成，在实现全产业链要素整合的同时，加速推动自身朝着行业性与社会平台的方向转型。以科技平台为依托,探索创新,形成基于数据、专利知识等无形资产的虚拟产业园区、虚拟产业集群的新产业载体,切实发挥这些产业载体集聚融合产业链上下游资源要素的优势作用。因此,聊城市要加快引进工业互联网平台公司、互联网公司和数据科技公司等各种科技平台公司,赋能产业链数字化转型。同时,深化与阿里巴巴、百度、华为、京东的合作,加快山东罗克佳华科技有限公司、聊城金恒智慧城市运营有限公司、山东聊云信息技术有限责任公司、山东云尚大数据有限公司、中关村科学城城市大脑股份有限公司的发展。

(三)融合共生驱动产业链数字化

融合是产业链数字化的核心本质,未来产业链数字化的推进将更多依托生态共建形式的落地,使产业链数字化的发展不再受行业、地域等物理边界的制约。通过对实体(土地、技术、资金、人才等)与非实体生产要素(数据、知识等)的跨业、跨界、跨域的充分融合,形成由多边合作伙伴共同组成的、多方之间共同协作的共生、互生和再生的利益共同体,催生出新的商业模式,营造出适合产业链数字化转型的良好生态环境。以数字经济为代表的新业态及共享经济、平台经济等新商业模式给传统产业带来了新挑战,传统产业与数字产业的跨界融合实现共生共赢。生态体系趋向于线上线下不同经济主体间的共生共建,通过数字化连接建立起线上线下无缝衔接的商业生态,通过各种平台业务数据的实时共享,提高产业链不同环节的响应速度,在催生新商业模式的同时,为优化产业结构提供良好的生态环境。因此,要加快传统产业与信息产业、高新技术产业的融合发展,推动产业升级、数字产业化和产业数字化,打造新技术、新产业、新业态、新模式的经济形态。

(四)政府精准施策助推产业数字化转型

政府精准施策是破解当前产业链数字化转型能力不足、转型改造成本高、数字化储备不足等问题的助推力。产业链数字化发展离不开政府的支持保障,数字化转型阵痛期比较长,单纯依靠企业力量推动难度大,需要政府针对产业链数字化发展提供强有力的政策支持、环境支持和措施支持。通过优化政策环境,吸引更多高新科技企业及互联网领军企业落户聊城,借助企业的技术优势及专业人才优势,加速推动本地产业链数字化转型,使产业数字化发展进入良性循环阶段。此外，拓展数字化转型多层次人才和专业技能培训服务，为产业数字化营造良好的环境。政府通过自建或购买第三方服务等方式获得线上撮合平台服务，加大政府方面产业数据的开发力度，与数字科技企业合作利用多维度产业政务数据精准了解产业发展痛点，进而为产业链数字化转型提供招商精准对接、资金精准对接、企业精准对接。为不同类型企业、不同行业领域的产业数字化转型提供精准靶向政策支持与措施服务，降低产业链数字化转型的成本。为进一步加快产业链数字化转型，聊城市应加快数字发展规划、工业互联网发展规划和"聊城制造 20 条"落地，支持新基建建设、5G 规模化应用、产业数字化、智能制造等，支持、引导企业主动拥抱数字经济。

第十章　数字时代下聊城市企业创新能力
提升路径研究

人工智能（Artificial Intelligence）、区块链（Blockchain）、云计算（Cloud Computing）、大数据（Big Data）等技术的不断涌现，带来了经济增长新的活力。《中国数字经济发展白皮书（2021）》报告显示，2020年我国数字经济的规模达到39.2万亿元，已经占到了GDP的38.6%。企业作为宏观经济的主要载体，在数字经济的背景下，发展数字科技并进行数字化转型已经成为企业突破自身发展瓶颈的重要途径（戚聿东等，2021）。数字经济发展速度之快、辐射范围之广、影响程度之深前所未有。一方面，在数字经济时代，企业为提高生产效率，将现代化的数字技术与传统的业务进行融合；另一方面，数字经济的不断发展和演变产生了新的商业模式。不论是新技术的应用还是新的商业模式的产生，都会对企业创新产生影响。从地域分布来看，数字经济比较发达和活跃的地区主要集中在一线城市。城市能级越低，数字经济发展越弱，这是对数字经济发展的直观感受。这并不意味着三四线城市没有发展数字经济的潜能，一些研究认为，三四线城市尚存部分人口红利，依然具有并且存在消费升级的巨大发展趋势，其市场基础和规模并不亚于一线城市，特别是随着一线城市信息技术的不断下沉，三四线城市依然存在较大的发展机遇和发展潜力。只有最大限度地发挥数字经济在技术创新、产业融合、市场扩张等方面的巨大优势，加大资源整合，完善基础配套，提高产业发展的支撑能力，才能发挥数字经济在经济发展中的引领作用。为此，聊城市出台了《聊城市数字经济发展规划（2021—2025）》《聊城市新基建三年行动方案（2021—2023年）》《聊城市加快推进5G产业发展实施方案》等一系列政策措施，着力发展数字经济。从根本上看，数字经济时代需要激发微观企业的创新潜能，找到聊城市企业创新能力的提升路径，加快形成数字经济的企业创新生态，最终促进聊城市的经济高质量发展。

一 数字经济时代企业创新的特征

（一）数字经济时代创新的开放性

人工智能、区块链、云计算、大数据的底层数字技术的应用是以知识为驱动的，技术的应用加快了知识的生产、扩散、应用，使知识经济的规模不断扩大。因此，从企业外部来讲，数字经济时代创新的开放性使企业无法通过故步自封获得具有竞争优势的数字化核心技术，要利用不同的机构资源，加强对产政学研整体的合作。在这个过程中，对企业内部而言，企业管理层和研发人员需要开展合作，双方进行沟通与思想碰撞，双方能力的提升对数字时代的战略决策非常关键。时风集团与国内众多高校开展产学研合作，在企业内部组建产学研创新团队，并逐渐形成了产学研的技术创新体系。近几年，通过产学研合作时风集团获得省级以上新成果、新技术、新工艺80余项，取得专利230余项，创新成果总体技术水平达到国内、国际同类技术的先进水平，产业化过程中创造了显著的经济和社会效益，对推动行业科技进步发挥了重要作用。其中，"增程式电动汽车研发"荣获2018年中国产学研合作创新成果二等奖。这说明智力资本的重要性不断提升，其稀缺性甚至超过了财务资本（金帆、张雪，2018）。研究表明，智力资本对企业价值的贡献度甚至高于财务资本，其所占的比重在逐年增加（马连福等，2022）。随着数字经济的不断发展，企业商业模式不断创新，甚至一些专业的投资机构在短时间内也难以判断新商业模式能否在未来取代现有模式，公司治理的主导权不断向具有特殊技术才能的企业家手中转移，如一些科技公司采用的有限合伙制度和双重股权结构就是很好的例证。

（二）数字经济时代创新氛围的宽松性

在数字经济时代，创新氛围的宽松性是产生新的技术变革的重要土壤。企业需要不断激发员工创新的自主性，工作自主性的定义一般是指在工作中员工所享有的工作自主权程度，一般可以反映工作中员工的自由、独立和自决程度。自主工作作为心理授权的维度之一，是一种内在的工作动机。例如，聊城时风集团开展"管理创新月"的活动，在数字技术不断发展和突破的背景下，市场竞争越来越激烈，如果想要在自己的发展主业中分得更大的蛋糕，必须要不断完善经营机制，提升发展活力，需要每一位集团员工的参与。"管理创新月"活动营造了一种人人参与的较为宽松的创新氛围，迄今为止已经开展了 16 次，该活动也取得了一些成绩，国家级工业设计中心、国家级企业技术中心、国家级绿色工厂、博士后科研工作站等相继落户时风，这让在传统领域耕耘多年的时风集团焕发了新的活力。

（三）数字经济时代创新的颠覆性

当前，数字经济已经与实体经济密不可分，数字经济产生的影响已经渗透到生产生活的各个环节，经济增长的空间不断扩大。数字经济对企业突破性创新的影响要远大于渐进式创新（胡山、余泳泽，2022）。创新的颠覆性可以从两个方面进行解读：一方面，新兴数字技术井喷式发展，已经成为新技术革命和产业革命的动力来源，全球互联网、物联网、人工智能、大数据、云计算、3D 打印等数字技术创新都具有颠覆性，对企业的生产方式、人们的生活方式，甚至是生命方式都产生了前所未有的质的颠覆。新的经济形态、新的组织形态、新的动能、新的技术不断冲击，甚至是替代旧的经济形态、旧的组织形态、旧的动能和旧的技术。相比单个技术的边际突破，一些新兴技术也在不断融合发展，如数字化、网络化、智能化融合发展会加快新技术、新业态、新产业的变革。例如，时风集团在生产方面扎实落实"聚焦主业，适度多元，打造高端智慧制造平台"的发展战略，充分利用"工业互联网+时风制造"，先后对机械加工、焊装、涂装等工艺进行改造，加快智能工厂、数字工厂建设，打造绿色智能制造新模式。时风集团聚焦于国家乡村振兴战略，通过"工业互联网+技术"赋能发动机的研发，不同程度地提升三轮环卫车、抽渣车等专用车的性能。

另一方面，组织模式的颠覆性。数字经济在不断地重构产业链、价值链和创新链，在传统的工业社会，在产业链的上中下游各自存在其生产、研发和销售环节。数字经济改变了原有的工业化分工的组织方式，带来了平台经济的产生和崛起。随着数字技术的发展，物流行业的经营模式发生了颠覆性的变化。例如，兴创信息科技旗下的"众卡之友"，是聊城市高新区首家获得"网络货运"资质的智慧物流平台，该平台充分利用了大数据、云计算、AI智能等先进技术，在为用户提供充裕货源和运力的同时，还为用户提供了重卡销售、金融分期、保险销售及分期、油品、ETC 充值及其他供应链增值类服务，打造了一条全方位、一站式、值得信赖的物流生态链。而一些传统物流企业也从以往单纯的实体物流开始向网络货运平台转型，如山东信发物流集团借助网络货运平台使公司业务链条逐步网络化、信息化，基于网络平台扩容性强和可复制成本低的特点进行升级，大大加快了公司转型升级的速度，节省了转型成本。当前的网络货运平台吸引了 4 万余量卡车，为后续开展保险、金融等增值服务提供了宝贵的初始客户群。

二 数字经济时代企业创新的理论机制

传统工业时代的土地、劳动和资本是三大重要生产要素，在数字经济时代，尤其是随着人工智能、云计算和区块链等数字化技术的应用，数据已经成为一种新的生产要素。如何利用数据找到新的企业发展机会是一个重要问题。在生产方式上，传统工业时代简单和单一的线性产业链已被打破，数字经济时代的生产方式则是较为复杂的以消费者为核心的产业生态系统。传统工业时代的信息不对称程度较高，消费者难以获得商品的较多信息，而在数字经济时代，随着大数据的应用和自媒体的快速发展，信息不对称问题被缓解，消费者的影响力不断扩大。数字经济时代的竞争已经变成了吸引消费者注意力的竞争，也就是流量竞争。在数字经济时代，商品已经从过去的供不应求转变为现在的供过于求。因此，如何认识数字经济的本质，把握数字经济时代商业模式设计及企业创新结构和过程，是数字经济时代企业生存的关键影响因素。

（一）数字经济对商业模式创新的影响机制

商业模式是指在利用商业机会创造价值的过程中所涉及的交易内容、结构和治理模式，其中包括产品、服务内容和信息流的结构。商业模式的创新是利用新的商业逻辑和新的方法为消费者及其他利益相关者获取新的价值的过程，最终是为了使企业获得新的收入来源及可持续发展的优势（王笑舒，2022）。具体而言，一方面，数字经济时代市场环境的不确定更强，因此组织模式更加多样化，传统的商业模式的理论和经验已经不再适用，这也迫使企业进行商业模式创新。另一方面，通过去中心化，消费者和生产者共同驱动商业模式创新。例如，在数字经济时代，零售的商业模式已经不同于线下的门店销售，线上平台的数据红利也在逐渐消退，在数字经济不断深化的背景下，企业需要通过数字化大数据来促使各个链条数字化，从而提升效率和效益。生产者和消费者能够共同驱动商业模式创新，生产者和平台通过数字技术持续不断地与消费者进行信息交换，企业与消费者在生产大规模的、定制化的产品过程中相互协作、相互影响，驱动企业与消费者交换有价值的信息并进行价值分析和价值创造，形成共同生存、共同创造的商业生态圈。

（二）数字经济时代的企业技术创新机制

1. 数字经济时代缓解企业的融资约束

企业进行研发创新需要长期较大的投入，创新型企业一般面临着较强的融资约束，数字经济的发展可以缓解企业的融资约束。一方面，数字技术的应用使企业的管理和运营成本降低，企业有更多的资金用于投资，可以在一定程度上缓解融资约束。另一方面，大数据和人工智能的运用，使企业和金融机构之间的信息不对称程度降低，企业的融资渠道得到了拓展，获得资金的概率得到了提升，在很大程度上缓解了企业的融资约束（宋敏等，2021）。

2. 数字经济时代增加了企业的创新机会

数字经济时代增加了企业的创新机会，一方面，从信息的角度来讲，企业的创新决策依赖于企业与市场信息的交互，在市场信息的获得上，数字经济存在社会互动效应和信息渠道效应，这是企业创新活动决策的信息基础和重要来源，有效地缓解了信息不对称问题，进一步推动了区域内企业的创新创业活动，并对周边地区形成了示范效应（周广肃、樊纲，2018）。另一方面，数字经济增强了企业上下游产业链之间的协同作用，带来了信息和创新的溢出效应，能够实现资源的有效整合，拓展了创新的发展空间。

三　聊城市企业创新的现状分析

（一）总体研发经费

从研发投入强度上看，2022 年聊城市的研发投入强度已经超过 3%，较 2020 年的 2.95% 有了稳步增长，已经进入全省前列。

从研发经费总量来看，2020年全市研发投入总量为68.25亿元，较2019年增长61.7%，研发投入强度为2.95%，增幅居全省第一位。在研发平台建设方面，聊城市实施规模以上工业企业研发机构全覆盖行动，截至2021年，实现有需求的规模以上工业企业研发机构全覆盖，有研发活动的企业达到48.6%，居全省第四位，这奠定了聊城市企业创新的基础。从政府研发补助来看，聊城市在"十三五"规划期间，共有586家创新企业享受研发费用加计扣除政策，加计扣除额达24.83亿元；研发投入共补助314家企业，补助资金共计8816.9万元。

（二）创新型企业发展情况

2022年，聊城市净增科技型中小企业170家、高新技术企业200家以上，突破了以往历史数量，新增省级以上创新平台21家，专利授权量增长15%。

从国家级平台来看，培育国家级技术创新示范企业3家、国家级工业设计中心2家、国家级质量标杆企业3家、国家级"小巨人"企业13家、国家级单项冠军4家、国家级质量标杆企业3家。从省级称号获得情况来看，培育省级技术创新示范企业20家、省级工业设计中心31家、省级质量标杆企业18家、省级"一企一技术"研发中心10家、省级制造业创新中心1家、省级"专精特新"中小企业252家、省级单项冠军45家、省级瞪羚企业40家；实施省级技术创新项目786项。

（三）数字经济产业相关情况

聊城市抢抓数字产业变革机遇，积极推动互联网、大数据、人工智能与实体经济深度融合，促进工业智能发展，提升制造业数字化、智能化水平。已建成5G基站6734个，获批国家级制造业与互联网融合试点示范项目1个、省级"现代优势产业集群+人工智能"试点示范项目3个、省级5G产业及应用项目4个、省级产业互联网平台3家，建成省级智能工厂、数字化车间14家，培育省级数字经济园区4个。打造以聊云数据湖、阿里云创新中心、京东云数字经济产业园、腾讯云大数据基地等为代表、集"政、产、学、研、用"于一体的数字经济产业集聚区。

四 聊城市数字经济时代企业创新的困境

（一）缺乏创新型龙头企业，现有企业的创新能力不强

聊城市虽然已经开始打造以数字技术为核心的产业聚集地和研发中心，但是依然缺乏能够聚集核心技术人才的引领型科技龙头企业。尽管相关企业不断加大数字科技的研发投入，但由于原创能力较弱，自主研发出的高端产品不多，因此商业模式的创新比较有限，研发点也较为分散。

（二）数字人才的缺乏限制了聊城市企业的创新能力

《中国数字经济发展报告（2022）》的数据显示：经过多年的发展，我国数字经济的规模从 2011 年的 11 万亿元增长到 2021 年的 45 万亿元，数字经济占 GDP 的总量从 21.6% 提升至 39.8%。企业围绕数字经济展开创新活动的可能性和必要性较大，这加大了企业对数字人才的需求。2020 年 7 月，《新职业在线学习平台发展报告》显示，未来 5 年，云计算工程预计需要近 150 万名工程师、近 100 万名安装调试人员，无人机驾驶员、人工智能、工业机器人等系统人才缺口近千万人。数字人才结构性短缺较为严重。一方面是人才需求的缺口较大；另一方面是存在数字人才结构性短缺矛盾，数字化人才主要集中在新兴行业，且集聚在一二线城市，三四线城市较少。由于聊城战略性新兴行业的发展并不清晰，对高端数字化人才的吸引力不足，导致在数字经济大潮中企业的创新后劲不足。

（三）产政学研战略联盟体系尚未形成，聊城市企业创新能力提升缓慢

目前，企业、高校及研究机构的合作处在低效率阶段，主要原因包括三个方面：一是聊城市地处鲁西地区，难以形成人才聚集的高地，聊城市地方高校的人才培养没有较好地结合聊城市当地企业的紧迫需求，难以就地解决企业的人才需要。二是地方高校的研究机构的科研成果转化率较低，并且与市场严重脱节，不能满足制造业数字化升级的需求，对制造业和数字经济的贡献程度较低。三是缺乏产业、政府、学校、科研机构的协同合作创新机制，

知识管理平台的搭建效率较低。

五　聊城市数字经济时代企业创新提升的路径研究

（一）培育创新引领性龙头企业

龙头企业的培育需要结合聊城市的优势产业和特色产业，从现有的产业来看，聊城市可以从农业、旅游、有色金属等方面切入，这些产业具有一定的优势和基础。通过严格把握龙头企业的入选条件，围绕龙头企业内部的创新研发投入、创新机制、人才引进、薪酬绩效等方面展开特定政策的支持和帮扶。在企业外部发挥龙头企业的辐射带动作用，联合一批上下游产业链的中小企业形成龙头企业的创新联合体，以龙头企业为主体，在企业创新、技术研发、市场协同等方面解决产业链上下游的创新难题及应用推广问题，通过龙头企业的带动和创新研发的溢出效应形成一批科技创新"小巨人"。

（二）挖掘地方高校的资源优势，打造地方特色的产学研体系

地方高校承担着区域性的人才培养、基础科研、成果转化和服务社会的重要职能，要深入挖掘地方高校与企业的优势结合点，提升高校服务地方经济发展的能力。由于信息不对称，加之相关机制的缺乏，地方高校并不熟悉地方企业在技术研发创新中的难题与困境，地方企业对高校在科技研发、成果转化和服务社会方面的特色优势也不了解，这导致聊城市一些企业会选择其他地市的高校开展相关项目的合作，加大了企业产学研开发的时间成本。因此，一方面，高校可以围绕企业的人才需求开展相关的定向培养，相关专业也可以开设特定课程，如邀请企业相关技术人员定期开展相关课程或者培训，提升相关企业的人才储备水平。另一方面，成立以高校为主体、政府支持和企业参与的产学研平台，探索出适应地方的具有特色的合作机制。平台的建设不是一蹴而就的，而是需要长期的探索，因此针对产学研平台的激励应该是长期的，并且能够容忍其短期的失败。

（三）以特色产品为主的互联网商业模式的非对称优势

打造特色产品是互联网时代商业模式创新中非常重要的非对称优势。例

如，山东菏泽曹县主要出口演出服和木制品。曹县是全国最大的演出服生产基地之一，注册网店达到 1.8 万家，演出服的市场份额占全国市场的 70%，且产业链非常完整，生产和制造不出曹县，涵盖布料、辅料、加工、生产等环节。近年来，随着"汉服热"在国内持续升温，曹县企业搭上了汉服潮流的快车。另外，曹县当地拥有较为优质的桐木资源，曹县庄寨镇将这些资源转为特色产品，成为全国最大的桐木加工出口基地，其中桐木制作的棺木占据日本市场的 90%。曹县当地有木艺企业 6000 多家，木材加工产业从业者高达 30 万人，是全国三大千亿级木制品产业集群之一，多数产品通过电商进行销售。聊城市应该挖掘自身的优势资源，并将其转化为特色产品，利用数字化时代便利的信息优势和平台优势，提升小微企业商业模式的创新能力，打造数字化时代企业竞争的非对称优势。

（四）聊城市本土企业打造"异地研发和聊城转化"研发模式

受地理位置的限制，聊城市难以在较短的时间内吸引高端数字化创新人才，需要在加大人才引进力度的同时，鼓励优势企业打造异地研发中心，这样不仅可以吸引人才聚集区的数字化高端人才，还可以吸收外市相关的优质资源、先进技术、先进装备。异地研发中心的打造不是一蹴而就的，需要考虑以下两个方面的问题：一是异地研发中心的地址选择。应当选择数字化人才相对集中，并且拥有较多高校的地方，而且要考虑异地研发中心与总部的距离，当地税收等政策优惠，降低异地研发中心的建设成本。二是建立异地研发中心激励机制。异地研发中心的建立需要较为完善的激励机制，尤其是在研发中心刚刚成立之时，应该充分授权，加大激励，培育出素质过硬的研发团队。政府可以给予选择异地研发的企业一定的补贴，如运营经费补助和交通补贴等。

（五）发展数字配套服务和布局新基建为企业创新提供基础保障

一是以物流、商流支持信息流，促进企业创新。如果把石油比作工业经济的血液，那么数字经济时代的血液便是信息流，数据以信息流的形式渗透到日常生活中，如新闻、购物、广告和社交等。三四线城市可以通过构建区域性物流和商品集散中心，引入更多的商流、物流，为信息流提供支撑。例如，湖北省与顺丰共同建造顺丰货运机场，使湖北鄂州成为顺丰航空快件运输的全国枢纽，湖北鄂州也将在此机场上创新空港型物流枢纽城市建设和产业发展模式。

二是加快新型基础设施建设，带动产业互联网发展和经济社会数字化转型。通过适度超前布局 5G 基建，通过 5G 网络城乡覆盖面，推动新一代信息技术与制造业融合发展，促进工业企业数字化、智能化转型，提高制造业数字化、网络化、智能化发展水平。

参考文献

戚聿东，杜博，温馨. 国有企业数字化战略变革：使命嵌入与模式选择——基于 3 家中央企业数字化典型实践的案例研究 ［J］. 管理世界，2021，37（11）：137-158.

金帆，张雪. 从财务资本导向到智力资本导向：公司治理范式的演进研究 ［J］. 中国工业经济，2018，358（1）：156-173.

马连福，宋婧楠，王博. 企业数字化转型与控制权相机配置 ［J］. 经济管理，2022，44（11）：46-66.

胡山，余泳泽. 数字经济与企业创新：突破性创新还是渐进性创新？ ［J］. 财经问题研究，2022，458（1）：42-51.

王笑舒. 数字经济时代新创企业的商业模式创新路径研究——以蔚来公司为例 ［J］. 渤海大学学报（哲学社会科学版），2022，44（2）：61-66.

宋敏，周鹏，司海涛. 金融科技与企业全要素生产率——"赋能"和信贷配给的视角 ［J］. 中国工业经济，2021，397（4）：138-155.

周广肃，樊纲. 互联网使用与家庭创业选择——来自 CFPS 数据的验证 ［J］. 经济评论，2018，213（5）：134-147.

第十一章　聊城市经济社会创新力评价及提升路径研究

2021 年 10 月，习近平总书记视察山东期间，对山东工作提出了"三个走在前"的重要指示要求，其中之一就是"在增强经济社会发展创新力上走在前"。中国共产党山东省第十二次代表大会提出，要聚焦增强经济社会发展创新力，以"十大创新"引领全方位创新，成为国家高水平自立自强的重要支撑。为深入贯彻落实党中央决策部署和省委的工作要求，精准对标对表，奋力赶超提升，本章探索建立了聊城市经济社会创新力评价指标体系，以期为加快全市高质量发展提供参考和借鉴。

一　聊城市经济社会创新力理论分析框架构建

（一）构建指标体系的基本思路和原则

构建经济社会发展创新力评价指标体系在全省乃至全国都是一项首创性的工作，没有任何权威机构的先例可供参考。现有的城市创新力评价指标体系都是一些科研院所围绕科技创新展开的，指标覆盖面较窄。因此，我们在大量搜集外地经验的基础上，对经济社会创新力的概念、体系进行了较为系统的分析研究，重点把握了以下原则：

一是突出综合性。经济社会创新力不是单一方面、单一领域的创新，而是全面、系统、集成的创新，是区域经济社会复合能力的体现。为此，我们广泛吸收了厦门产业技术研究院、扬子江创新型城市研究院等机构制定的城市创新力评价模型，参考了安徽、江苏、浙江等地的一些相关的高频指标，借鉴了"七有""五性"民生发展检测评价指标体系的部分内容，以科技创新为基础，将城市潜力、基础配套、人口质量、产业发展、生态环境、社会

119

事业等要素纳入指标体系，力求尽可能全面地反映经济社会发展的质量效益。

二是突出系统性。经济社会创新力评价指标体系是一个完整的系统，各项指标之间有其内在的逻辑关系。本章在构建指标体系的过程中，一方面尽量将指标细化、具体化，同时将含义相近、指向相同的指标合并，防止出现模糊概念、指标冲突、繁杂重复的情况；另一方面参照外地经验，设置部分定性指标，对一些无法用单一或少数指标评定的工作进行综合评价，确保指标体系相对完整。

三是突出可操作性。创新力是获取新动能、塑造新优势的重要能力，是经济社会发展活力的直接体现。能否有效地反映和指导实践，数据的可统计性、可获取性、可测算性至关重要。本章在构建指标体系的过程中，既大量吸收了2022年省对市高质量发展综合绩效考核中与创新力有关的指标，确保了两个指标体系在工作导向上的一致性；又针对拟吸收的外地研究经验中的高频指标，与相关业务部门进行了初步对接，依据数据的可统计性、可获取性反复进行筛选，为后续建立数据模型奠定了基础。

（二）聊城经济社会创新力钻石模型框架构建

本章认为，利用钻石模型分析经济社会创造力比较符合理论逻辑。钻石模型是由战略管理学家波特在《国家竞争力优势》一书中对十多个国家存在明显竞争优势的产业进行研究时，所提出的产业竞争力分析模型，是基于区域竞争力理论的一套成熟的竞争力分析框架，主要包括生产要素，需求条件，相关与支持产业，企业战略、结构与竞争，政府，机会六大分析维度。钻石模型的生产要素与需求条件分别是反映区域发展的投入和需求，相关及支持产业和企业战略、结构与竞争则通过影响生产要素与需求条件来对经济社会创新力产生作用。

在钻石模型中，一国的特定产业是否具有竞争力，取决于生产要素，需求条件，相关与支持产业，企业战略、结构与竞争，机会，政府六个要素的共同作用。其中，前四项是关键要素，后两项是辅助要素，它们之间相互联系、相互影响（见图11-1）。之后，波特（2007）的研究发现，在产业生命周期的不同阶段，产业竞争力的主导来源不同，产业成长期的竞争力来源于企业家的投资和政府的支持。波特钻石模型提供了一种由四大关键要素、两大辅助要素组成的动态分析框架。区域制造业作为我国支柱性产业，同时受到上述六大要素的影响，并且与之息息相关。因此，本章选用钻石模型作为构建区域经济社会创新力评价指标体系的基础和理论依据。

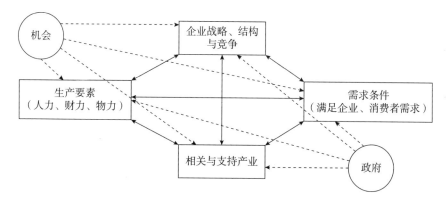

图 11-1　经济社会创新力钻石模型分析框架

1. 区域经济社会创新力的生产要素

波特（2007）将生产要素划分为初级生产要素和高级生产要素，初级生产要素是指一国先天拥有或不用太大代价就能得到的要素，包括人力资源、天然资源、知识资源、资本资源、基础设施五类生产要素，高级生产要素指通过长期投资或培育才能创造出来的要素，如现代化的通信基础设施、高质量人力资源、大学和研究机构等。随着世界产业结构的升级，初级生产要素的重要性正在日渐下降，高级生产要素的获得和培育对国际竞争更具有意义。高级生产要素丰富的组织，在产业竞争中的优势和可持续性会更明显。区域经济社会创新力评价钻石模型要以质量为核心寻找影响区域、社会创新力的各类生产要素，这种质量要素体系包括根源要素、支持要素和结果要素，而社会创新力贯穿于区域发展的全过程，各要素之间相互支持、相互影响。因此，本章在社会创新力生产要素方面，从研发投入、劳动力质量、资本投入等方面选取指标。

2. 经济社会创新力的需求条件

市场需求量能够决定产业规模的大小，是该产业发展的直接动力之一。市场需求是产业发展的动力，分为国内需求和国外需求。国内需求指的是国内市场对某类产品或服务的需求。波特认为，国内市场的大小及性质会影响生产的规模和效率，更重要的是它是产业发展的动力，会刺激本国企业对产品或服务进行改进和创新。本国市场要促进产业竞争优势的形成，必须细分市场的需求结构，善于满足客户需求，能够预测需求走向。可以看出，钻石模型更注重消费者需求，因此本章选择了社会消费品零售额和居民消费价格指数等指标。

3. 经济社会创新力的企业战略、结构与竞争

企业战略、结构与竞争是指企业在特定环境中形成的战略决策、组织结构及竞争程度。在不同的国家，相同产业的公司在目标、策略及组织形式等方面大相径庭。产业竞争优势就是各种差异条件的最佳组合。如果某一产业的公司在这些方面具有竞争优势，就会吸引更多的资源，一个国家内部市场的竞争结构也会对产业竞争优势产生重大影响，激烈的国内竞争是创造和保持竞争优势的最有力的刺激因素。因而，区域经济社会创新力体现的是区域产业结构和竞争结构。本章主要从市场结构和技术竞争能力方面选择指标。

4. 经济社会创新力的相关产业与支持性产业

相关产业和支持性产业指与某个产业相关联的上游产业、互补性产业。支持性产业主要指提供原材料、零部件、机械设备等的上游产业，能为下游产业快速、有效地适应市场需求变动、降低成本、提高竞争优势创造条件。相关产业是指因共用某些技术、共享同样的营销渠道或服务而联系在一起的产业或具有互补性的产业，可以合作、分享信息，甚至在电脑、设备和应用软件等方面形成互补。在经济社会创新力方面主要从生产性服务业和科技支撑两个方面选择相关指标。

5. 经济社会创新力的机会

机会是指那些超出了竞争主体控制范围的突发事件，如技术的重大创新、金融危机、战争和国家重大政策调整等。有些机会可以打破现存的竞争环境、竞争秩序，创造出"竞争断层"，这种断层的出现虽然会使原有产业的竞争地位丧失殆尽，但也能够提供新机会。本章从营商环境、外贸依存度等方面选取经济社会创新力机会的二级指标。

6. 经济社会创新力的政府

政府主要通过资本市场、补贴、生产标准、竞争条例等方面的政策直接影响企业、产业的竞争优势。政府是提升经济社会创新力的必要条件，它为投资提供了稳定的环境，并为政策的有效贯彻提供了所需的机构。本章主要选择财政支出方面的指标。

（三）聊城经济社会创新力评价指标体系构建

经济社会创新力是一个区域与其他区域相比所具有的竞争优势，具体而言，它反映的是以创新为核心要素从而使所考察的特定区域保持竞争优势的能力。它可以通过一系列的指标来衡量。在设计指标体系时，经济社会创新力评价指标体系构建需要坚持系统性、可比性、可行性和可测性原则。指标数量过少，研究结论就会过于单薄；指标数量过多，又易造成同质性指标的堆砌。本章按照全面性、科学性、系统性、可操作性、可靠性、可比性和通用性原则，在已有模型的基础上，结合国内外创新能力的相关研究，选取了生产要素，需求条件，相关与支持产业，企业战略、结构与竞争，政府和机会6个一级指标和37个二级指标（见表11-1）。按照定量分析和定性分析相结合的原则，在综合考虑数据可获得性、权威性和科学性的基础上，筛选出37个指标，构建了聊城经济社会创新力评价指标体系。

表 11-1　经济社会创新力评价指标体系

一级指标	二级指标	指标编号
生产要素	规模以上工业企业数（个）	X1
	R&D 人员（人）	X2
	R&D 经费内部支出（万元）	X3
	每万人在校大学生数（人）	X4
	专利授权数（件）	X5
	普通高等学校在校学生数（人）	X6
	资本生产率（%）	X7
	劳动生产率（%）	X8
需求条件	地区生产总值（亿元）	X9
	人均地区生产总值（元）	X10
	社会消费品零售额（万元）	X11
	年末金融机构人民币各项存款余额（万元）	X12
	居民消费价格指数（%）	X13
	经济波动（%）	X14
	城乡居民储蓄年末余额（万元）	X15

续表

一级指标	二级指标	指标编号
相关与支持产业	年末金融机构人民币各项贷款余额（万元）	X16
	金融业从业人数（人）	X17
	电子支付指数（%）	X18
	第三产业占 GDP 的比重（%）	X19
	房地产开发投资完成额（万元）	X20
	电信业务收入（万元）	X21
企业战略、结构与竞争	数字金融发展总指数（%）	X22
	固定资产投资总额（万元）	X23
	流动资产合计（万元）	X24
	新签合同数（个）	X25
	规模以上工业总产值（万元）	X26
政府	科学技术支出（万元）	X27
	教育支出（万元）	X28
	人均教育支出（万元）	X29
	公共图书馆图书总藏量（千册）	X30
	货运总量（万吨）	X31
机会	电子市场发展水平（万户）	X32
	当年实际使用外资金额（万美元）	X33
	外商投资企业数（个）	X34
	互联网普及率（%）	X35
	数字金融覆盖广度指数（%）	X36
	外贸依存度（%）	X37

二 聊城市经济社会创新力测度结果的比较分析

为了更好地对聊城经济社会创新力进行评价，本章利用熵值法对原始数据进行测度。作为判断指标离散程度的方法，熵值法通常借助系统无序化程度来度量不同因素对评价对象的影响程度。在熵值法中，指标的作用取决于该指标所占的权重，权重越大，作用越大，反之越小。由于指标的权重完全由数据本身的关系决定，因此评价结果具有很强的客观性，从而客观地得出聊城经济社会创新力指数，进而对聊城经济社会创新力指数进行对比分析。

（一）聊城经济社会创新力与全国、山东省情况的对比

采用熵值法测度我国285个地市级城市的经济社会创新力指数，并统计全国、山东省及聊城市经济社会创新力指数（见表11-2）。

表 11-2　聊城经济社会创新力与全国、山东省情况的对比

年份	2011	2012	2013	2014	2015	2016	2017	2018	2019	均值
全国	0.165	0.148	0.146	0.168	0.181	0.174	0.188	0.171	0.183	0.169
山东	0.201	0.188	0.189	0.213	0.228	0.224	0.225	0.208	0.210	0.210
聊城	0.126	0.134	0.132	0.154	0.174	0.175	0.175	0.151	0.149	0.152
聊城排名	157	104	102	110	101	89	108	117	154	107

由表11-2可知，聊城经济社会创新力与全国和山东整体的变化态势相近，呈现震荡提升态势，聊城经济社会创新力与山东整体的差距较大，与全国均值较为接近。从笔者测算的全国285个地级市经济社会创新力指数排名情况来看，聊城经济社会创新力在100名左右，排名变化呈现出倒"U"形的先上升而后降低的演变态势。2011—2016年全国排名持续提升，表现最好的年度为2016年，聊城经济社会创新力指数在全国的排名晋升到89名，2016年以后排名下降，2019年聊城经济社会创新力在全国的排名回落到150名以后。

（二）聊城经济社会创新力与山东省内外城市的对比分析

1. 聊城与山东省内城市情况的对比

山东省16个地级市的经济社会创新力情况如表11-3所示。

表 11-3　聊城经济社会创新力与山东省内情况的对比

城市	2011 年	2012 年	2013 年	2014 年	2015 年	2016 年	2017 年	2018 年	2019 年	均值
青岛市	0.362	0.350	0.354	0.389	0.383	0.383	0.384	0.362	0.379	0.372
济南市	0.375	0.366	0.339	0.375	0.383	0.369	0.355	0.343	0.367	0.364
烟台市	0.270	0.248	0.244	0.271	0.285	0.285	0.279	0.260	0.271	0.268
潍坊市	0.225	0.228	0.239	0.250	0.278	0.255	0.255	0.239	0.235	0.245
淄博市	0.231	0.212	0.208	0.231	0.248	0.243	0.247	0.221	0.203	0.227
东营市	0.210	0.186	0.179	0.222	0.238	0.232	0.229	0.213	0.204	0.213
威海市	0.202	0.188	0.181	0.220	0.235	0.227	0.227	0.213	0.210	0.211
临沂市	0.183	0.169	0.176	0.200	0.218	0.222	0.227	0.213	0.202	0.201
济宁市	0.164	0.151	0.160	0.185	0.186	0.186	0.192	0.190	0.201	0.179
泰安市	0.163	0.154	0.155	0.173	0.186	0.185	0.190	0.171	0.166	0.171
滨州市	0.156	0.140	0.147	0.162	0.179	0.174	0.168	0.142	0.164	0.159
德州市	0.139	0.134	0.136	0.158	0.179	0.179	0.183	0.157	0.157	0.158
聊城市	**0.126**	**0.134**	**0.132**	**0.154**	**0.174**	**0.175**	**0.175**	**0.151**	**0.149**	**0.152**
日照市	0.137	0.117	0.127	0.144	0.161	0.160	0.166	0.157	0.164	0.148
枣庄市	0.144	0.122	0.123	0.133	0.152	0.155	0.158	0.145	0.152	0.143
菏泽市	0.128	0.113	0.120	0.138	0.161	0.161	0.170	0.145	0.142	0.142

通过表 11-3 不难发现，在山东 16 个地级市的经济社会创新力排名中聊城位居第 13 位，均值为 0.152，仅优于菏泽、枣庄和日照，与德州、滨州的数据较为接近，考察期内均值为 0.15~0.16，其中滨州为 0.159、德州为 0.158。通过比较山东省 16 个地级市的情况来看，经济社会创新力最好的三个地级市分别为青岛、济南和烟台，考察期内经济社会创新力指数均值均在 0.25 以上。此外，潍坊、淄博、东营、威海和临沂的经济社会创新力也相对较好，指数得分均在 0.2 以上。

2. 聊城与江苏省各城市情况的对比

考虑到江苏经济社会创新力在全国的引领地位，为了更好地将聊城的经济社会创新力情况与江苏各城市进行对比，统计江苏 13 个地级市的经济社会创新力情况（见表 11-4）。

表 11-4 聊城经济社会创新力与江苏各城市的对比

城市	2011 年	2012 年	2013 年	2014 年	2015 年	2016 年	2017 年	2018 年	2019 年	均值
苏州市	0.493	0.471	0.489	0.490	0.504	0.516	0.506	0.514	0.521	0.500
南京市	0.483	0.454	0.426	0.478	0.482	0.484	0.472	0.465	0.506	0.472
无锡市	0.347	0.326	0.328	0.337	0.354	0.358	0.367	0.349	0.376	0.349
常州市	0.284	0.251	0.261	0.294	0.312	0.320	0.333	0.296	0.331	0.298
南通市	0.262	0.234	0.245	0.273	0.305	0.310	0.310	0.291	0.314	0.283
徐州市	0.227	0.207	0.215	0.243	0.261	0.276	0.283	0.246	0.262	0.247
扬州市	0.227	0.219	0.201	0.233	0.261	0.268	0.276	0.244	0.265	0.244
镇江市	0.231	0.208	0.208	0.247	0.270	0.269	0.266	0.228	0.253	0.242
泰州市	0.202	0.178	0.187	0.219	0.247	0.257	0.259	0.233	0.244	0.225
盐城市	0.194	0.173	0.173	0.200	0.226	0.238	0.237	0.212	0.236	0.210
淮安市	0.175	0.161	0.155	0.190	0.216	0.226	0.239	0.201	0.206	0.197
连云港市	0.165	0.143	0.145	0.172	0.196	0.201	0.208	0.178	0.197	0.178
宿迁市	0.138	0.123	0.136	0.150	0.177	0.186	0.196	0.175	0.201	0.165
聊城市	**0.126**	**0.134**	**0.132**	**0.154**	**0.174**	**0.175**	**0.175**	**0.151**	**0.149**	**0.152**

从表 11-4 不难看出，聊城经济社会创新力指数低于江苏省的 13 个城市，较为接近的地级市为宿迁和连云港，但宿迁和连云港的经济社会创新力指数分别为 0.165、0.178，而聊城经济社会创新力指数仅为 0.152，远小于苏州、南京和无锡，而且这三个城市的经济社会创新力指数均大于青岛。

3. 聊城与浙江省各城市情况的对比

为了更好地进行聊城经济社会创新力与浙江各城市情况的对比，统计浙江省 11 个地级市的经济社会创新力情况（见表 11-5）。

聊城经济社会创新力指数小于浙江省的 11 个城市，较为接近的地级市只有衢州市，衢州市经济社会创新力指数超过 0.16，但与杭州、宁波和温州的差距仍然较大。

表 11-5　聊城经济社会创新力与浙江各城市的对比

城市	2011 年	2012 年	2013 年	2014 年	2015 年	2016 年	2017 年	2018 年	2019 年	均值
杭州市	0.439	0.459	0.443	0.457	0.479	0.472	0.493	0.485	0.512	0.471
宁波市	0.354	0.333	0.332	0.362	0.376	0.368	0.378	0.367	0.392	0.362
温州市	0.265	0.241	0.251	0.265	0.285	0.296	0.301	0.286	0.299	0.277
绍兴市	0.246	0.229	0.246	0.263	0.287	0.279	0.281	0.261	0.292	0.265
嘉兴市	0.252	0.227	0.239	0.256	0.267	0.263	0.278	0.276	0.303	0.262
金华市	0.236	0.217	0.233	0.250	0.264	0.257	0.267	0.252	0.286	0.251
台州市	0.221	0.198	0.210	0.225	0.239	0.242	0.255	0.245	0.264	0.233
湖州市	0.202	0.172	0.177	0.209	0.228	0.224	0.239	0.229	0.254	0.215
舟山市	0.192	0.157	0.150	0.177	0.189	0.183	0.215	0.198	0.202	0.185
丽水市	0.169	0.145	0.145	0.173	0.185	0.179	0.195	0.179	0.200	0.174
衢州市	0.153	0.122	0.133	0.157	0.174	0.169	0.188	0.174	0.197	0.163
聊城市	**0.126**	**0.134**	**0.132**	**0.154**	**0.174**	**0.175**	**0.175**	**0.151**	**0.149**	**0.152**

4. 聊城与广东省各城市情况的对比

聊城经济社会创新力与广东各城市的对比情况如表 11-6 所示，广东 21 个地级市的经济社会创新力指数在考察期内的均值为 0.210，聊城经济社会创新力指数均值为 0.152，远低于广州市均值，广东 21 个城市的经济社会创新力指数差距较大，广州和深圳超过 0.5，而湛江、潮州等 10 个地级市的经济社会创新力指数均小于聊城，不足 0.15。尽管在全国各省排名中广东远超山东，但聊城经济社会创新力指数在广东排名中位居中游，优于在山东省内的排名。

表 11-6　聊城经济社会创新力与广东各城市的对比

城市	2011 年	2012 年	2013 年	2014 年	2015 年	2016 年	2017 年	2018 年	2019 年	均值
广州市	0.613	0.614	0.613	0.641	0.623	0.627	0.649	0.629	0.649	0.629
深圳市	0.463	0.452	0.509	0.463	0.498	0.535	0.550	0.575	0.613	0.518
佛山市	0.320	0.303	0.307	0.310	0.330	0.332	0.363	0.335	0.354	0.328
东莞市	0.325	0.300	0.307	0.308	0.336	0.335	0.304	0.333	0.353	0.322

城市	2011年	2012年	2013年	2014年	2015年	2016年	2017年	2018年	2019年	均值
珠海市	0.262	0.259	0.207	0.286	0.278	0.264	0.273	0.278	0.288	0.266
中山市	0.248	0.216	0.220	0.235	0.252	0.252	0.273	0.236	0.247	0.242
惠州市	0.192	0.174	0.182	0.213	0.230	0.226	0.240	0.236	0.245	0.215
江门市	0.191	0.153	0.156	0.178	0.193	0.186	0.198	0.178	0.201	0.182
汕头市	0.160	0.139	0.155	0.161	0.185	0.184	0.210	0.173	0.192	0.173
肇庆市	0.150	0.146	0.140	0.169	0.170	0.159	0.183	0.162	0.175	0.162
揭阳市	0.125	0.121	0.119	0.153	0.180	0.170	0.180	0.154	0.172	0.153
聊城市	**0.126**	**0.134**	**0.132**	**0.154**	**0.174**	**0.175**	**0.175**	**0.151**	**0.149**	**0.152**
湛江市	0.141	0.128	0.126	0.159	0.151	0.144	0.164	0.143	0.165	0.147
潮州市	0.126	0.109	0.127	0.134	0.162	0.154	0.161	0.131	0.148	0.139
茂名市	0.125	0.117	0.117	0.150	0.156	0.144	0.146	0.127	0.155	0.137
清远市	0.121	0.107	0.108	0.130	0.147	0.143	0.164	0.140	0.155	0.135
韶关市	0.129	0.112	0.117	0.134	0.144	0.138	0.158	0.132	0.141	0.134
阳江市	0.120	0.108	0.108	0.124	0.148	0.137	0.148	0.128	0.145	0.130
河源市	0.106	0.089	0.089	0.115	0.142	0.137	0.145	0.133	0.135	0.121
汕尾市	0.099	0.091	0.090	0.119	0.144	0.127	0.141	0.127	0.142	0.120
梅州市	0.109	0.092	0.099	0.111	0.128	0.115	0.128	0.115	0.129	0.114
云浮市	0.107	0.085	0.091	0.100	0.121	0.119	0.123	0.105	0.117	0.108

（三）聊城经济社会创新力所在层次和发展类型比较

将评测结果进行层次分类，具体分类依据通常有两种：基于分值等距的分类和基于排名等距的分类。本章基于排名等距将经济社会创新力划分为五个阶段，即卓越创新力（第1~56名），较强创新力（第57~114名），中等创新力（第115~171名），初等创新力（第172~228名），欠创新力（第229~285名）。聊城经济社会创新力指数均值排名107位，因此聊城处于较强创新力发展层次，部分年份位于中等创新力发展层次。根据分值等距的分类方法，指数在0.197以下的均为欠创新能力发展层次，聊城经济社会创新力指数均值为

0.152，处于欠创新力发展层次，山东 8 个地级市处于欠创新力发展层次。

按照测评思路的一般逻辑，依据各类因素在促进各地区经济社会创新力形成中的作用强弱，可以将经济社会创新力划分为四类：内生发展型，对应测评逻辑思路中的"创新"（即六大维度中的生产要素与需求条件）；竞争驱动型，对应逻辑思路中的"竞争"（即六大维度中的相关与支持产业和企业战略、结构与竞争）；支持-机会导向型，对应逻辑思路中的"环境"（即六大维度中的政府支持与发展机会）；均衡发展型，各类因素的促进作用相对均衡。考察期内，聊城经济社会创新力六个维度生产要素，需求条件，相关与支持产业，企业战略、结构与竞争，政府和机会的指数均值分别为 0.043、0.030、0.023、0.028、0.006 和 0.022，在 285 个城市中的排名分别为 93、124、180、89、117、156，得分最高的为生产要素，得分最低的为机会。从横向排名的比较情况来看，在全国排名中表现最好的为企业战略、结构与竞争，排名 89 位；其次为生产要素，排名 93 位；排名情况最差的是相关与支持产业，在全国 285 个地级市中排名 180 位，是影响经济社会创新力排名的主要因素；排名较差的为机会，在全国 285 个地级市中排名 156 位，位于后50%。聊城经济社会创新力位于较强创新力层次，从六个维度的情况来看，贡献度和排名均比较好的为生产要素，由此判定聊城经济社会创新力发展类型属于内生发展型。

三　提升聊城市经济社会创新力的路径与措施

本章基于钻石模型构建了经济社会创新力评价指标体系，测算了我国 285个地级市的经济社会创新力，根据经济社会创新力指数和六大要素比重划分了不同层次和类型，考察了聊城经济社会创新力发展态势，分析了聊城与山东省内城市及江苏、浙江、广东各城市对比的情况，由此提出如下路径、建议。

（1）持续优化创新生产要素投入。建议进一步优化创新投入结构，优化科技资源配置，鼓励引导高水平科技成果产出，落实突出质量贡献绩效的创新评价。要重视企业创新力量，企业是创新的主体，要激发产学研各领域企业家精神，鼓励中小企业创新发展，提升研发投入强度，夯实创新基础，通过知识溢出、技术扩散等多种渠道，提升聊城经济社会创新力。①规模以上工业企业创新生产要素投入。规模以上工业企业是强化企业创新主体地位的重要载体，聊城市规模以上工业企业近 1500 家，总体来看，研发投入强度的纵向比较有进步，但与发达区域企业的横向比较差距较大；研发经费投入结构不平衡，行业分布不均，只有部分企业开展技术创新活动；企业技术创新绩效不理想，创新主体地位远未真正得到落实，政策目标与实施效果反差较大。这些都与新发展阶段对企业创新主体地位提出的高要求不相匹配。要着重从规模以上工业企业抓起，制定相应的激励机制，促进规模以上工业企业在技术创新活动中积极发挥主体作用，提升企业技术创新能力。②小微企业创新生产要素投入。小微企业是创新主体的重要成员，是产品创新、服务创新的参与者和推动者。小微企业的创新能力依托于三大资源，即人力资源、社会资源和政府资源，人力资源包括管理人才和技术人才，社会资源是企业的资金来源和客户，政府资源既是政策源泉也是客户，三大资源本质上都是资金。小微企业的创新发展存在诸多困难，如技术创新环境不佳、融筹资渠道不畅通、创新动力缺失、创新人才匮乏和创新资源不足等。政府层面的政策支持和先进成功经验的指导借鉴，必将给小微企业的可持续发展提供有力的支持，从而增强小微企业的创新能力。③整合资源，优化创新生产要素投入。打造政企、银企、企企信息交互服务一站式平台。政府要创新工作方法，成为中间联络人，建立多层次、全方位、多渠道的服务网络，为规模以上企业及小微企业的创新发展搭建信息交互平台，提供更为优质的联通服务，不断完善政企宣传交流发布功能、银企融资对接功能、企业与企业之间的互通交流功能、企业联盟的功能。

（2）不断激发创新需求。激发创新活力的同时要提升市场活力，以市场引导为主，更好地发挥政府作用；深入推进产业变革，促进产业结构优化升级，激发创新需求；加大全社会研发经费投入，扩大研发投入主体规模，加大科技型企业培育力度，激发创新需求，提升城市创新力。①推动企业转型升级，激发企业创新，倒逼企业创新。企业要在转换动能的过程中，提升自身的创新能力。由于聊城企业多半是劳动密集型企业，要逐步引导企业转型升级，尤其是小微企业的转型升级。通过设立专项资金，鼓励聊城劳动密集型企业引入先进技术，进行技术改造和创新，转型发展企业，提升聊城传统制造型企业的创新能力。②激发小微企业创新需求。要充分发挥小微企业轻资产、灵活、转产迅速的特点，激发小微企业创新。在新时代发展背景下，新材料、智能化、信息化层出不穷，利用大数据、互联网、人工智能等新兴产业技术，激发聊城小微企业聚焦产业链的重点领域，抓住产业链端口更新换代的机遇，从粗放、低成本导向向集约、创新导向转换，从资本和技术积累逐步向产业链的高端攀升。通过引入成熟技术、模仿创新、合作创新三个步骤，最终实现企业自主创新能力提升。不断激活聊城小微企业创新动能，大力开展"研值论英雄"。

（3）不断提升相关产业支持。聊城经济社会创新力提升需要金融业、信息业等相关产业的支持。①金融产业支持创新。融资约束是企业投资选择的关键影响因素，融资难、融资贵是企业发展面临的瓶颈。金融部门应为实体企业提供及时的信贷信息和信贷服务，避免实体企业采取过度金融化手段，从而加剧企业金融化的负面影响，阻碍实体企业和实体经济创新。聊城市应促进金融产业集聚，促进金融活动和金融机构在金融中心集聚发展，增强金融业发展的引领带动效应；优化城市金融业结构，拓宽融资渠道，扩大对中小企业的金融供给，扩大城市金融业的服务范围，满足对不同服务对象的金融需求，以金融业的发展支持与带动聊城市创新力的发展。②信息产业的发展支持创新力提升。大力发展信息产业，推动信息化建设进程，引进科研人才，注重研发核心技术，以信息产业的发展带动聊城市经济联动发展，推动信息产业在各个行业和领域的应用，扩大信息产业的覆盖范围，形成聊城市独有的信息产业的更替升级和产业集聚，为提高聊城市创新力水平赋能。

（4）优化战略组织与竞争结构。切实推进创新驱动发展战略的实施，提升高等教育质量，完善创新人才激励机制，加快科技创新进程；重点提升创新效力，实现评价体系从注重规模产出向注重效率水平的转变，提升科技资源的配置和使用效率，实现人员、设备、信息和资本等创新要素的高效流动和组合。健全科技人才的激励机制，完善科研创新生态，释放人才创新潜能，激发人才创新活力；完善高质量产出激励机制，坚持质量导向、效益导向和发展导向。优化产业融合发展创新环境，打造跨产业链融合发展新模式，推动产业结构持续优化，发挥行业组织机构的协同创新作用。

（5）加大政府支持创新力度。政府在顶层设计、发展规划、营商环境建设，以及各种鼓励、扶持和优惠政策的制定等方面，既要进行科学研判和规划，也要制定针对各创新主体的具体措施。①聚焦需求，加强科学创造力、技术开发力和产业发展力的联动发展，实现创新价值链上的高等院校、科研院所和企业等不同创新主体的紧密合作、交叉赋能和互惠共赢，确保创新要素的有序流动，完善激励机制；调动政府积极性，推动和扶持创新，加大基础设施建设投资力度，引导创新资源集聚和配置，提高经济发展效率，提升城市创新发展水平。②要建立以企业为主体、以市场为导向、产学研深度融合的技术创新体系。不仅要坚持政府有为、市场有效、企业为主，而且要发挥国家科研机构的骨干和引领作用，高等院校的基础和生力军作用，鼓励和引导新型研发机构发展，充分发挥科技类社会组织的作用。注重各种底层支持因素和软性基础设施建设的支持力度，包括人才培养的基础教育、技术和职业教育、基础研究、创新意识、工匠精神、法律法规和企业文化建设等。③政府要对各创新主体的创新人才培养和储备进行资助，扶持各创新主体，培养和引进创新人才。技术革新和管理创新对区域创新发展至关重要。鼓励和支持各创新主体建立和完善培训制度，建立公平的用人机制，营造公平竞争的良好环境。鼓励和支持各创新主体科学设置激励和约束机制，培育以创新为导向的价值观和企业文化。④优化创新激励政策以引导实体企业创新。建议持续加大对实体企业技术创新行为的支持力度，出台并优化相关财政税收政策，对创新投入予以补贴，对创新结果予以奖励，引导实体企业投资方向，提升实体企业整体创新。

（6）把握和创造创新发展机遇窗口期。在新发展阶段，我国经济发展内外环境发生深刻变化，以人工智能、互联网、移动通信、量子通信、大数据等为代表的智能信息技术正呈现群体性突破态势，正日益深刻地影响着人类生产、生活方式，创新不再局限于企业内部、区域内部，正在进入多方创新要素竞合共生、融合发展的创新生态系统时代。虽然现阶段存在着诸多的不确定性，但也存在着创新发展的机遇，创新时代机遇窗口期已来临，聊城要紧紧抓住创新发展机遇窗口期，大力提升区域创新发展能力。①建议聊城坚持数字转型，依托快速发展的数字技术，促进科研范式的交叉融合、技术开发的网络协同和产业发展的智能升级，实现更大规模、更快速度和更高质量的创新发展。新兴智能信息技术群体性突破将打破传统的社会分工，体制机制改革需求日趋强烈，迫切需要我们解放思想，组建地方人才团队，制定规划、汇聚人才、保障条件、完善管理，把握智能信息社会发展的先机。②加快"互联网+"与数字金融深度融合，坚持以"互联网+金融"为创新驱动力。"互联网+"能够打破地理空间对创新生态的约束，降低技术扩散带来的时间成本和空间成本，激发人们的创造性思维。两者深度融合的数字红利不可忽视，要鼓励科学技术与金融市场深度融合。推进 5G 基站、区块链、大数据中心和人工智能等数字基础设施建设，利用数字技术将企业融资需求与金融服务供给快速精准配对，保证各创新主体，包括被金融体系排斥在外的创新主体同样能够获得数字金融服务的支持。针对中小企业融资难、融资贵、融资慢的问题进行"对症下药"，为中小企业提供多元化优质的数字融资渠道，提升数字金融的服务能力和服务效率。③要深刻把握新发展阶段的内涵、目标、使命及其对企业创新主体地位的要求，强化聊城市工业企业在技术创新中的主体地位，提升聊城市科技创新能力。在规模以上工业企业，特别是规模以上高技术制造业和战略性新兴产业企业中，构建灵活多样的体制机制，在 R&D 投入、技术创新活动和创新成果应用等方面强化企业的技术创新主体地位。

参考文献

迈克尔·波特. 国家竞争优势［M］. 李明轩，邱如美，译. 北京：中信出版社，2007.

第十二章 聊城市智慧东昌建设的经验与启示

一 聊城市智慧东昌建设背景

（一）项目建设背景

2019 年 3 月发布的《住房和城乡建设部关于在城乡人居环境建设和整治中开展美好环境与幸福生活共同缔造活动的指导意见》中明确提出：坚持社区为基础，把城乡社区作为人居环境建设和整治基本空间单元，着力完善社区配套基础设施和公共服务设施，打造宜居的社区空间环境，营造"共同缔造活动"。2020 年 5 月，《2020 年国务院政府工作报告》中提出：加强新型基础设施建设，发展新一代信息网络，拓展 5G 应用，建设充电桩，推广新能源汽车，激发新消费需求，助力产业升级。新开工改造城镇老旧小区 3.9 万个，支持加装电梯，发展用餐、保洁等多样社区服务。2021 年 3 月，《2021 年国务院政府工作报告》指出，当年拟安排地方政府专项债券 3.65 万亿元，优先支持在建工程，合理扩大使用范围。政府投资更多向惠及面广的民生项目倾斜，新开工改造城镇老旧小区 5.3 万个，提升县城公共服务水平。2021 年 5 月，《财政部 住房和城乡建设部关于下达 2021 年中央财政城镇保障性安居工程补助资金预算的通知》发布，其中城镇老旧小区改造中央专项资金达305.3288 亿元。

山东省各级领导积极响应国家智慧社区的建设要求，2020 年 3 月 21 日山东省大数据中心下发了《DB37/T 3890.2—2020 新型智慧城市建设指标 第 2部分：县级指标》，指标要求未来山东省智慧社区的覆盖率四星以上标准要达到 40%，五星以上标准要达到 80%。同月，山东省大数据中心下发了

《DB37/T 3890.3—2020 新型智慧城市建设指标　第 3 部分：智慧社区指标》的考核标准要求，对山东省各个智慧社区的建设从基础设施、社区服务、社区安全、服务创新四个维度进行了详细要求，为山东省各个地区智慧社区的建设提供了明确的方向指引。山东省大数据局下发《关于公布省级支持建设的智慧社区（村居）名单的通知》（鲁数字〔2021〕9 号），要求在 2021 年12 月 31 日前，各市大数据局要在本市范围内开展智慧社区建设。

为推进政府精细化管理与服务创新，自 2018 年开始聊城市东昌府区建设了具有全面感知、信息共享、事件汇总、智能分析研判、现场调度解决等功能的，融合信息化、智慧化、人性化、精细化、可视化、互动化等科技赋能的"智慧东昌"项目。项目基于新型智慧城市发展趋势点、建设理念、城市现状需求，构建以"数据驱动、AI 赋能"为核心的城市级智能治理技术体系，以"需求牵引、业务驱动、融合协同、辅助决策、提升体验"为城市智能管理中枢，引领和驱动城市创新发展新路径。

（二）项目建设概况

智慧东昌项目运用互联网、物联网、5G、云计算、大数据、人工智能等新一代信息技术，促进城市规划、建设、管理和服务的智慧化。在实现城市内部系统、数据资源整合的同时，也要实现与国家、省级管理部门数据资源的协同配合，在城市层面打通垂直与横向之间的系统信息资源壁垒，聚焦设施互联、资源共享、系统互通，实现垂直系统与横向系统的互融互通，协同运作、共同推进城市层面智慧化建设。2020 年，以多元数据融合分析和 AI 赋能业务应用为核心，坚持公共基础设施集约化、一体化建设，减少重复投资，保持资源高效合理利用，提升基础设施运行效率和服务能力，统一构建汇聚融合的数据资源体系，实现跨层级、跨地域、跨系统、跨部门、跨业务共享应用，建设乡呼县应、智慧党建、智慧政协、雪亮工程、智慧教体、智慧司法、智慧医疗、智慧住建、智慧社区等应用，实现城市决策中心、运维中心、人工智能创新应用中心、智慧环保数据融合、政务公开等的大数据应用。

目前，该项目已全面深入城市规划、建设、管理、服务、运行的全过程，大大推进了政府管理与服务创新。智慧东昌基于"1 云、1 门、2 中心、N 大应用"已完成"智慧东昌建设""智慧社会建设""视频监控治理应用""数据资源管理"和"数字产业创新中心"等内容，其中"1 云"是指基础云计算资源，"1门"是指门户集群，"2中心"是指城市运营指挥管理中心和云应用承载融合中心，"N大应用"主要包括智慧政务、智慧环保、智慧城管、智慧政协、智慧司法、智慧住建、雪亮工程、"爱山东"平台的数据融合与运维服务、"乡呼县应"平台建设与运维服务、建设全区县乡公路车辆监控系统、建设京九铁路重要目标视频监控系统、新增城区治安视频监控系统、建设全区中小学幼儿园视频监控系统和紧急报警系统、无照经营游商AI识别模型、占道经营和店外经营AI识别模型（城管）、暴露垃圾AI识别模型（城管）、城市决策中心、工地/道路裸露土地苫盖分类AI识别模型、工地/道路扬尘AI识别模型、雾炮车作业情况AI识别模型与车牌AI识别模型、车辆检测与车牌AI识别模型、渣土车苫盖AI识别模型与车牌AI识别模型、道路黑烟车AI识别模型与车牌AI识别模型、工业企业偷排AI识别模型、河道垃圾漂浮物AI识别模型、烟雾焚烧AI识别模型、智慧环保数据多元应用和远程勘验等内容。

智慧东昌项目先后承办了2019年度、2020年度山东省大数据与智慧城市现场会，2019年度山东省属地管理现场会，2019年度山东省环保监管现场会，2020年度聊城市环保现场会，及"国家治理体系和治理能力现代化实现路径"高级研修班、山东省政务公开推进现场会等接待任务，全年接待11个省份、20多个城市、2100余人技术交流、参观，成为东昌府区对外展示的重要窗口。智慧东昌作为东昌府区智慧城市建设的先锋，通过推进新一代信息基础设施、软件、硬件等的建设，发展基于新一代信息技术的协同发展新模式，整合政府部门、企业、公众资源，共同推动了民生、环保、公共安全、城市服务、工商业活动在内的各种智慧化应用场景需求落地，促进城市和谐、可持续发展。

二 聊城市智慧东昌建设的主要目标

东昌府区大数据服务中心将"聚焦优政提速度，聚焦兴业加力度，聚焦惠民升温度"，凝神聚力，担当作为，着力打造"数字首善之区"。

（一）聚焦"优政"，加快数字政府建设速度

推进"数字机关"建设。按照省市部署要求，依托"山东通"平台，大

力推进机关办文、办会、办事等应用"一端集成"，提升政务数字化办公水平和效率。积极拓展"一人一号"和机关跨部门协同办公，提升机关办事效率和效能。

推进"无证明城市"建设。扎实开展"无证明城市"攻坚行动，加强电子签章应用，提高电子证照覆盖面，力争 2023 年底基本实现全区证明事项无须群众提交，基本建成"无证明城市"。

统筹视频监控资源建设管理。着力做好区级视频监控资源汇聚、共享和管理。重点推进教育、交通、医疗等重点行业视频资源接入，实现全域感知，做到视频资源"看得见"；建立视频资源运维体系，提升视频资源质量，做到视频资源"看得清"；在此基础上，做好视频点位标识标注，开展视频 AI 智能解析工作，积极打造典型 AI 应用场景，做到视频资源"看得懂""用得上"。

（二）聚焦"兴业"，加大数据创新赋能力度

推进数据资源"聚、通、用"。2022 年，按照"汇聚集中、共享开放、开发利用"的工作思路，依托市一体化大数据平台，对数据资源目录进行及时更新调度，保持数据资源汇聚率、共享率、更新率稳定保持在 100%。积极开展"数用"行动，在医疗、教育、交通等行业领域，推出 25 个数字化应用场景和解决方案，进一步提升数据资源的要素价值和赋能作用。

提升"云网"支撑能力。按照"全省一朵云 2.0"提升工程要求，优化政务云节点架构，确保政务信息系统的稳定运行。并在全区实施政务网络"一网多平面"升级工程，以政务网络全覆盖为基础，强化多维度应用服务供给，实现网络服务动态调度调整。

（三）聚焦"惠民"，提升数字社会生活温度

进一步打造"爱山东"惠民服务品牌。强化主城区担当，积极推广"水城一码通"和政务事项"一网通办"，以用户视角优化"爱山东"APP 网上政务服务。

着力推进智慧社区建设工作。进一步提升东昌府区智慧社区综合平台，优化"共性平台部署+个性特色应用"模式，2023 年内在文化教育、养老服务、创业服务、产业发展、绿色低碳、党建特色等方面，完成 20 个智慧社区建设任务，争当全省智慧社区建设标杆。进一步加大新型智慧城市典型案例

的推广力度，深化"一县一特色"创建行动，总结推荐新型智慧城市优秀场景案例，打造群众满意的特色品牌，让群众尽享数字生活带来的便利。

三 聊城市智慧东昌建设中存在的问题

目前聊城市智慧城市建设主要以完善基础设施为主，绿色经济发展、科技创新能力、数字经济发展以及社会参与意识等方面仍存在不足，形成制造业数字化水平还不高、数字新业态发展不充分、产业数字化的进程相对较为缓慢的格局，这是智慧东昌建设中急需解决的问题，也是推动智慧东昌建设的重点和抓手。

（一）绿色发展水平较低，能源管理系统亟待完善

绿色发展水平较低，节能减排压力较大。环境污染与聊城市的产业结构不合理和创新能力有极大关系。近年来，聊城市要素保障压力进一步加大，能耗、土地、环境容量已接近或达到"天花板"，稳定安全形势还比较严峻。2022年1—9月，聊城环境空气质量综合指数4.44，同比改善2.6%，优良天数179天，重污染天数4天，同比减少2天。PM2.5、PM10、NO2等多项因子的平均浓度进一步降低，同比改善幅度分别达到7.3%、2.6%、14.3%。从山东省生态环境厅公布的16个地级市环境质量排名来看，二氧化氮（NO2）排放量、细颗粒物（PM2.5）、可吸入颗粒物（PM10）、二氧化硫（SO2）排放量排名指标稳步前进。总体来看，聊城市近几年环境污染程度向着良好方向发展，但是节能减排压力依然比较大。

能源管理系统应用范围较窄，重建设轻运营。智慧能源管理系统是企业智慧能源的实现平台，平台基于"互联网+能源管理"理念，可根据用户实际需求量身设定功能模块，定制能源管理方案，确保系统经济实用。智慧能源管理系统通过平台系统监测帮助企业解决问题、取得实效，智慧市政项目远程监控，为节能服务公司提供技改指导，为化工企业提供生产环境安全保障等。但目前能源管理系统应用存在不足：一是目前聊城市企业能源管理在线监测公共平台应用范围还不够广泛，未将能源管理在线监测公共平台打造成为一个管理科学、功能完备、数据准确、技术先进、运转高效的"智慧能源数据管理中心"；二是能源管理只能从能耗某个维度进行分析，较为单一；三

是重建设轻运营，目前大部分运营管理人员还不完全具备这种专业综合能力，从而无法挖潜能源管理系统应用价值，无法使资产效益最大化。

（二）科技创新能力不足，成果转化效率亟须提高

科技创新能力不足。聊城市主导产业大多是以产业集群形式聚集，这些产业的规模、成本优势比较明显，但是与互联网和现代科学技术融合度不高，智能化信息化发展不充分，研发力量比较薄弱，创新能力有待进一步提高。聊城市缺乏国内国际一流高校、两院院士、长江学者等高端科技人才规模远落后于国内一线城市。聊城市创新能力仍然偏弱，未形成健全产业创新生态系统，大部分产品缺乏自主知识产权和核心技术，叫得响的品牌还不多，没有形成核心竞争力，大部分企业研发机构和研发力量还不足，研发经费占销售收入的比重不高，高新技术企业的产品比重还非常低，创新成果不多。

成果转化效率较低。长期以来重产出、轻转化，导致大量好的创新成果不能转化为生产，转化率低，不能有效发挥创新优势，驱动聊城经济的快速健康发展。如何构建高校信息技术创新成果产出与企业、市场需求的对接，使创新成果走出校门，及时转化为生产，服务社会和区域经济发展，亟待破题。

（三）数字经济发展滞后，基础设施建设尚待优化

制造业企业数字化水平不高。2022年，虽然聊城市第三产业比重超过第二产业比重，但是主导产业还是以重工业为主，如铜、铝、化工产业，这种产业特征与山东省产业结构类似。聊城市制造业制品主要为科技含量较低的劳动密集型产品，制造业的发展较多依赖于相对成本优势，目前资源型产业比重占全市工业的比重达到40%以上，主要有电力、有色金属、黑色金属、化工、造纸等行业。内生型产业比重占10%以上，中小企业比重在70%以上，与制造业配套的生产性服务业发展滞后，制造业整体数字化水平不高，产业结构调整速度慢、企业融资渠道窄、产业技术人才匮乏等方面有待优化。

领军型互联网企业缺失。大型互联网企业掌握巨量数据资源，这些资源对发展云计算、物联网、人工智能起到关键作用。聊城市第三产业发展相对落后，信息服务业水平较低，而且大型企业较少，对标一线城市缺失像百度、

阿里巴巴、腾讯这样的领军型互联网企业。相比先进地区，在依托领军型互联网企业数据资源优势，推动工业互联网、智能制造、共享经济、新零售等快速发展方面还存在不足。

数字基础设施建设不够完善。聊城市需构建集信息智能检索、决策分析于一体的社会信息资源综合应用平台；成立一批跨院校、跨企业、跨机构、跨专业共建共享的数字经济实验室、数字经济高端智能库；对信息资源整合共享的投入和资金扶持力度不足，数据分析梳理、整合共享和挖掘利用不够充分，导致信息化整体水平不高；信息资源安全保障体系不够完善，信息安全协调监管机制不健全；交通、民航、邮政等传统基础设施智能化改造还需进一步完善。

（四）政策宣传力度不高，社会参与意识有待提升

目前智慧东昌项目建设更多依托于政府主导推进，社会参与机制缺乏通道，参与面较窄，企业参与建设的成本偏高，投入的积极性不高，导致智慧社区具有局限性和片面性，一定程度上也造成了资源浪费和闲置。智慧城市建设不仅是政府的职责，也是社会的责任，社会应积极参与智慧城市建设，深入居民心中。

四　聊城市智慧东昌建设的经验与启示

（一）强化顶层设计，坚实智慧东昌制度保障

完善制度建设是推进区县智慧城市建设的内在要求，能有效破解建设过程中因各类政策、领导换届等客观因素变动对其建设稳定性与规划性造成的破坏。因此，需要协调各部门参与智慧东昌制度建设方面的工作。从制度上规定智慧东昌各方建设力量的政策优先、行为规范与有效投入，明确各投入的用途，明确各部门职责所在，明确各政策实施规范，避免出现贪污腐败、权责不明以及政策实施效率低下等问题。

打造社会信息资源综合应用平台。强化全区资源管理，形成资源共建共享机制，确保地方资源的高效投入、信息化建设的集约共建以及智慧城市建设成果的开放共享，尤其是让人民群众共享智慧城市建设发展成果，集中力

量抓好普惠性、基础性、兜底性民生建设。

建立智慧东昌建设评估指标体系。引入第三方评估，对智慧东昌项目建设的质量、进度、实效、运营管理、社会满意度等内容进行客观评价，并将评估结果纳入绩效考核体系，提高东昌智慧城市建设的质量与效率。

提高智慧东昌建设主体执行能力。着力提高参与智慧东昌建设的各方主体对保障智慧东昌建设制度、法规、标准的执行能力，并将其纳入绩效考核体系，建立和完善制度支撑体系，引进智慧城市建设运营专业服务企业与人才，与政府监管部门共同组建智慧东昌运营管理团队，走出智慧城市管建不管用的误区，聚焦数据资源持续归集与挖掘、打造智慧东昌城市名片。

强化信息资源安全保障体系建设。进一步完善信息安全协调监管机制，主要包括网络建设标准、数据中心建设标准等内容，同时结合东昌府区智慧城市运维实际情况，补充制定各方主体责任、行为规范等相关规章制度，落实信息安全责任制，更好地保障信息安全管理与运营运维工作的顺利推进。加快实施信息安全等级保护制度，并建立相应的安全保密管理制度。

（二）坚持绿色发展，提升智慧东昌可持续性

聊城市经济要实现弯道取直、后发赶超，高投入、高消耗、高污染的传统发展方式已不可持续，应坚持绿色是持续发展的必要条件，牢牢守住发展和生态两条底线。环境污染与聊城市的产业结构不合理和创新能力不足有极大关系。

调整产业结构，促进服务业发展。在"新旧动能转换"中，"新动能"的内涵非常广泛，消费能力提升和第三产业快速发展或新产业形态均能成为经济发展的"新动能"，消费与服务将慢慢代替投资、出口成为拉动经济增长的主要动力。近年来，聊城市服务业增加值的占比逐年提高，2015—2020年占国内生产总值的比例依次为 43.11%、44.05%、44.53%、46.81%、53.79% 和 54.39%，但仍远低于一线城市服务业发展水平，也低于全国服务业平均发展水平。因此，要大力发展服务业，一是扩大服务业贸易规模，提高服务业贸易的质量，通过开放区域与其他区域之间的产业关联效应、出口的"学习效应"、进口贸易的技术"溢出效应"，使得资源得到有效的配置，加快技术溢出，从而促进服务业发展。二是随着互联网技术的发展，在"互联网+"、大数据、人工智能的推动下，企业通过服务外包可以获得分工优势，

并通过服务外包企业承接高端离岸服务外包业务，提升聊城市技术水平和生产力。三是促进生产性服务业发展，生产性服务业是典型的知识密集型和技术密集型行业，其发展可有效降低制造业生产成本和交易费用。

推动实施绿色发展方式和生活方式。一是推行能源资源全面节约。实施能源总量和强度"双控"行动，实行最严格的耕地保护、节能用地和水资源管理制度。持续对重点企业实施节能监察，推进重点企业清洁生产审核工作和既有项目节能改造，降低重点行业和企业能耗、物耗和水耗，为全市能耗"双控"做出积极贡献。二是坚持循环发展，提高资源综合利用效率。深入推进工业废水资源化利用，推广节能节水工艺和技术，推进大宗固体废物减量化、资源化利用。三是引导公众生活方式绿色化。积极培育生态文明和道德，倡导简约适度和绿色生态的生活方式，倡导使用节能低碳环保型产品、节约用水、节约用电、节约用气、分类投放垃圾，引导绿色餐饮、绿色出行等，加快形成绿色生活方式。

打好污染防治攻坚战，完善生态环境治理体系。一是建立健全环境污染防治长效机制。打好蓝天、碧水、净土保卫战，推动加快工业、生活污染源和水生态系统整治，推进二氧化氮（NO2）、细颗粒物（PM2.5）、可吸入颗粒物（PM10）、二氧化硫（SO2）排放量控制，管控农用地和建设用地土壤环境风险。二是着力加强废弃物处置处理。城市生活垃圾实现全收集和全处理。三是完善生态环境监管体系。构建生态环境管理体制，整合分散的生态环境保护职能，强化生态保护修复和污染治理统一监管、统一行使生态和城乡各类污染排放监管与行政执法职责。

做好产业链长制，进一步固链补链延链强链。聊城市以实体经济为主的产业结构，既是特点也是优势，是由聊城市的自然禀赋、长期的基础积累所决定的，是基本合理的。聊城市部分传统制造业优势明显，有色冶金、化工、纺织、机械制造等，在全国占据重要地位。虽然这些制造业属于传统制造业，但具有一定优势，应利用先进的技术、工艺、业态、观念、管理和体制，改造提升传统制造业。在改造提升过程中，自然发展出新的更先进的产业，例如用先进信息技术和数字化改造传统产业，既发展了数字化产业，也实现了产业数字化，提升了制造业水平。为此，一是实施链长制。链长制是有为政府与有效市场相结合的一种有效机制，能够使产业链上下游企业形成竞合关系，实现产业链、价值链、创新链、资金链和人才链之间的有机融合。聊城市在摸清制造业实际基础上，围绕制造业核心产业链，着力于建链、强链、延链、补链的"链式思维"，强化产业上下游延伸、左右链配套，不断拉长产业链条，助力提升聊城市制造业产业链现代化水平。二是坚持制造业强市战略，聚焦制造业十大重点产业，进一步巩固和加强产业链的优势，同时，招商引企补链延链，使产业链向研发设计、销售服务环节延伸，促进制造业产业链升级，构建现代化产业体系。三是加强聊城市制造业关键共性技术攻关，着力促进产业链各环节市场主体之间协同创新。鼓励各类企业与国内外高校、科研院所合作进行应用研究和二次开发，着力攻克产业发展重点领域的共性技术、核心技术、关键技术与产业化瓶颈，以关键技术产业化带动提升产业链现代化水平。

（三）增强创新能力，做强智慧东昌发展引擎

当前聊城市经济正处于新旧动能转换期、速度规模型向质量效益型转换期、追赶型向领先型转换期，在这种背景下，聊城市经济发展必须坚持创新驱动战略，积极探索和实践主要依靠科技进步、劳动者素质和管理创新的"领先+聚集"的新发展模式和路径，在创新中领先，在领先中聚集各种要素，靠技术和规模在市场竞争中取胜。实施创新驱动战略需要聚集各种领先要素构建创新生态系统。创新生态系统是一个以企业为主体，大学、科研机构、政府、金融等中介服务机构为系统要素载体的复杂网络结构，通过组织间的网络协作，深入整合人力、技术、信息、资本等创新要素，实现创新因子有效汇聚，为网络中各个主体带来价值创造，实现各个主体的可持续发展。因此，要打造创新生态系统，应着力打造创新平台、着力发挥企业创新主体作用、着力引进创新人才。

依托科技创新资源，加强创新平台建设。在电子信息等产业领域新建一批市级以上创新平台，强化与高校、科研院所等进行产学研一体化合作，加快推进聊城·大学科技园等平台建设，争创省级大学科技园。深化技术攻关、科技金融、成果转化等领域的协同创新，打造一批"政产学研金服用"平台。持续加大孵化器及众创空间的引育力度，打造"众创空间—孵化器—加速器—产业园区"孵化链条，力推科创型中小微企业快速成长。

促进创新要素集聚，提高科技创新效率。创新要素是创新的基础，创新要素集聚既是创新的前提，也是创新资源优化配置的结果。集聚是分工合作

的表现，主要通过价格机制以及政策机制进行资源的合理有效配置，具体表现为某种经济活动在某区域内相对集中的现象。人力资本的集聚可以通过信息共享和知识外溢增加劳动力获得知识的途径以及提高其对知识的吸收能力；物质资本的流动性较强，物资资本的集聚是企业进行创新活动的基础，是企业进行一切活动的基础等。着力在引进创新人才上实现新提升，充分发挥聊城产业技术研究院、聊城大学等科研机构的平台作用，利用产学研平台聚集创新要素，并利用双招双引活动，进一步吸引高层次人才、专家、青年人才回聊创业就业。打造新概念人才社区，建立健全人才保障与激励政策措施，切实营造良好干事创业环境和一流的人才生态，为聊城经济高质量发展注入源头活水。

优化研发投入结构，提高企业内源性投入。着力在发挥企业创新主体作用上实现新提升。强化企业创新主体意识，引导企业加大研发力度，走"专精特新"发展之路。为民营企业融资畅通渠道，尤其是针对中小企业。鼓励中小企业通过出口同外部企业建立联系，以获得更宽阔的融资渠道、更先进的技术知识、更广阔的全球市场以及外部企业创新的示范效应和知识外溢效应，同时促进资本市场的发展，鼓励民间投资，包括个人投资、企业投资和风险投资；改变政府研发资金投入的方式。多方面多层次考察企业，对于新兴企业以及处于生命周期成长阶段的企业多加关注，专项科研基金用到实处，另外改变政府资金投入的方式，坚定地实施"减税降费"的财政政策，一方面减轻企业的经济负担，增加企业的利润，从而提高企业进行创新的资金投入；另一方面，在产业政策实施时，避免由于信息不对称和寻租行为出现垃圾专利盛行的局面。

弘扬企业家精神，激发市场主体活力。经济发展的动力来源于市场主体，也就是企业活力，而企业成功的关键是企业家。因此，发展和壮大企业家队伍，发挥企业精神是激发经济活力之路。一要搭建更为广泛的"亲清"政企互动载体，加强政府与企业点对点、面对面、心贴心的沟通交流。通过"亲清会客厅"、企业家晚餐会、茶话会、座谈会等多种形式，共谋发展大计，共话聊城经济高质量发展之路。二要激发企业家精神。创业激情和发展欲望是企业家所具有的最重要特质，各级政府部门要想企业家之所想，急企业家之所急，多换位思考，设身处地帮助企业家解决问题和困难。三要完善激励机制，充分调动企业家的积极性。对优秀企业家，不但要重视物质奖励，还要重视政治奖励、事业奖励与精神奖励，使他们充分得到社会的肯定和自我价值实现所带来的成就感。四要大力弘扬企业家精神，营造浓厚的节日氛围。发挥主流媒体宣传报道主力军的作用，围绕弘扬企业家精神主题，通过开辟专版专栏、撰写系列评论文章、跟踪报道"聊城企业家日"主题活动、展示优秀企业家风采等，开展集中宣传报道。

（四）发展数字经济，夯实智慧东昌发展基础

智慧城市以数字化、网络化、智能化的信息技术设施为基础，通过信息化、互联网化、智能化、智慧化来促进城市可持续发展，使得整个城市的规划建设管理和服务智慧化。主要以数字化知识与信息为生产要素，结合信息通信技术，优化经济结构，提升城市治理效率的一系列经济活动。

完善互联网基础设施，构建信息安全防御体系。发展互联网产业的同时也要保障信息安全。一是东昌府区依据智慧城市建设，培育和引进互联网产业、大数据产业等大型企业，积极培育、引进大数据和互联网产业的高端人才。培育、打造有影响力的数字互联网企业，形成一批互联网和大数据中小企业。二是东昌府区需针对数据中心、通信网络等各个层面，采用应用加密、访问控制等多种手段，实现应用数据的可用性、完整性和保密性保护，从外到内形成一个纵深的信息安全防御体系。

构建数字资源应用平台，促进数据库规模化发展。一是构建集信息智能检索、决策分析于一体的社会信息资源综合应用平台；二是成立一批跨院校、跨企业、跨机构、跨专业共建共享的数字经济实验室、数字经济高端智能库等。

大力培养数字化人才，提高数字化人才素质。一是引进高素质人才，通过提高专业性人才收入激发人才工作创作积极性；二是培养高校或科研院所数字化人才，加强数字化人才教育，加速高校的新技术、新领域经济的专业化发展；三是企业定期对员工进行技术培训，提高员工的业务能力，不断适应新兴产业的发展。

推进数字产业化，实现产业数字化。数字产业化和产业数字化是数字经济的两大内容，在互联网、大数据、云计算、人工智能、区块链等数字产业快速发展的同时，涉及产业领域更多、市场规模更大、结构层次更深的产业数字化也在如火如荼推进，成为数字经济未来发展的重要方向。在数字经济

时代，聊城市传统产业亟待利用信息技术和互联网技术改造提升，为此，一是要加强研发、生产制造、管理和销售的数字化建设。通过加强企业生产现场设备的数据整合，利用工业互联网平台，促进向智能制造转变；利用大数据精准感知消费者需求，促进基于消费者需求和消费者参与的数据和创新设计，向研发环节延伸和提高研发效率；利用生产过程的大数据，优化生产流程，加强设备管理，提高产品质量，降低能源消耗，提升经营管理效率；打通售前、售中、售后的数据链条，打造基于客户服务环节大数据的新型营销模式。二是要加强企业利用工业互联网对制造业微笑曲线的整合。引导企业利用工业互联网、大数据整合研发设计、生产制造、营销、服务、企业管理等价值链环节，促进企业向智能化生产、网络化协同、个性化定制和服务化延伸模式转变。

构建数字经济协同推进机制，形成数字经济发展生态。构建多方主体共同参与的数字经济发展治理机制，构建数字经济发展监管和治理体系；构建由互联网企业主导、深度链接产业链的上下游企业和用户参与的数字产业生态圈和生态体系。

（五）提倡全民参与，共筑智慧东昌发展格局

构建"有为政府+有效市场+有序社会"智慧发展格局。在智慧东昌建设过程中，不仅需要处理好政府和市场的关系，还需要处理好政府、市场和社会的关系。政府是社会和市场进步的助推器，社会是政府和市场动力的来源，市场是社会的反映，是政府服务的对象，目标是达到政府有为、市场有效、社会有序。政府与市场的关系是否合理有效则很大程度上反映在社会是否稳定与和谐，发展成果是否共享，最广大的人民群众是否具有"获得感"、"安全感"和"主人公感"。为进一步优化提升智慧社区平台及"爱山东"手机端的使用活跃度，可开发设计微信端公众号或者小程序，实现与平台的底层互通；为了使社会参与到智慧城市的建设中，体现社会既是智慧城市建设的参与者，也是智慧城市建设成果的获得者，要打通移动、百度等智慧社区平台对应数据，丰富现有平台的展示内容，打造诸如社区一键呼叫智慧居家养老、居民随手拍反馈问题，社区、街道、区政府对应问题处置机制的社区居民自治、智能垃圾分类等特色场景，打造智慧社区，一社区一特色，实现东昌府区社区新亮点；为了及时有效地搜集到社会对于目前智慧城市建设的意

见与建议，建立专门意见采集客户端，让居民切实参与到城市建设中，意见一经采用设置相应物质奖励或者名誉奖励；为了使社会大众正确理解智慧城市，需要通过各种媒体手段联合各个部门对智慧城市进行宣传等，逐渐形成"有为政府+有效市场+有序社会"智慧发展格局。

第四篇　专题研究篇

第十三章　系统当家　数字赋能
——鲁西集团推进国企改革的创新实践

　　鲁西集团是中国中化控股有限责任公司旗下的国有控股大型综合性化工集团。集团目前总资产343亿元，职工12000余人，拥有基础化工、化工新材料、化肥、设计研发、化工工程等产业板块。集团已形成煤、盐、氟硅和化工新材料相互关联的四大产品链条，主要生产聚碳酸酯、己内酰胺、尼龙6等百余类产品，被中国石化联合会认定为"中国化工新材料（聊城）产业园"和"中国智慧化工园区试点示范单位"，走出了一条科学健康发展之路。

　　鲁西集团在采购、销售、物流等领域推行"系统当家工程"，把决策权交给管理信息系统。"系统当家"即将销售、采购、物流等管理板块进行整合，统一实现信息化管理。采购、销售、物流的各项管理工作不再是某个领导或部门说了算，而是让电商、采购、物流、财务和企业管理平台的管理信息系统"当家"，把复杂烦琐的管理工作自动化。"系统当家工程"借助信息化手段，把部分管理决策权交给信息系统，减少人工操作，减少人为干扰，让传统的采购、销售、物流管理等工作真正实现从"人治"到"法治"。"系统当家"的本质是数字赋能，不仅为内外部客户提供了成本更低、效率更高、效果更好的管理服务，提升了企业盈利能力和运营水平，而且客观上还有效推动了国企内部管理体制和机制变革。

一 "系统当家工程"的改革背景

（一）企业改革发展的需要

2008—2011 年是鲁西集团转型发展的关键期，企业实现了由化肥产业向化工产业的转型升级。传统的销售管理、物流管理和采购管理模式面临效率提升、成本降低的系统化改革。

传统的销售管理模式：业务员跑客户—谈合同—盯发货—催货款，费时费力且工作效率低。随着企业产品越来越多，业务越来越复杂，管理难度越来越大。

传统的物流管理模式：鲁西集团园区物流运输业务以电话报价为主，根据价格人工派车，由于承运商相对固定，同时存在多部门管理、车货不匹配、资源不共享、物流费用高、运输户抱怨大、客商不满意等诸多问题，有货无车、有车无货成为常态。

传统的采购管理模式：鲁西集团在 2012 年前实施线下采购，业务人员、供应商通过传真进行业务交流，价高质低、假冒伪劣、经济违规事件等现象时有发生。

（二）国家推动电子商务发展

2017 年 9 月，工信部发布《工业电子商务发展三年行动计划》，对大企业工业电子商务发展水平提升行动提出目标，要求大型工业企业采购销售的在线化、网络化、协同化水平大幅提升，成为推动企业降本、提质、增效和创新管理模式的重要手段，鼓励大型企业提高网络集中采购水平，提高网络化营销水平，支持大企业建设电子商务平台。

（三）国企推行廉洁管理的要求

为监督和约束干部员工的经营行为，鲁西集团制定了严格的《经营领域十大禁令》，但仍有人触碰红线，曾出现过个别经营人员收受微信红包或转账而被解除劳动合同的情况。"系统当家工程"使所有交易都置于阳光之下，所有管理处在规则之中，所有权力处在监督之下，实现经营管理的公平、公正、廉洁、透明，这是鲁西集团推进"系统当家工程"的初心，是对以往经营管理集权方式的颠覆，是有效推进廉政建设的关键一环。

（四）"系统当家"的本质是数字赋能

2011年建设的电子商务系统"鲁西商城"，是国内首家化肥、化工类电子商务网站，历经八年不断完善，从传统销售模式到全部产品电商平台销售，从挂牌销售到集合定价销售，平台实现了从下单支付到物流结算，全程都由客户自行操作。产品价格根据客户报价和申报情况由系统自动确定，无须讨价还价。2018年，720万吨化工产品、230万吨化肥产品，全部实现了端到端100%线上交易。

2011年至今，鲁西集团在销售、物流、采购等方面致力于信息化开发，基本实现了管理信息化。2019年，在前期信息化建设基础上，鲁西集团明确提出在采购管理、销售管理、物流管理方面推行"系统当家工程"（见图13-1）。目前，"系统当家工程"的经营管理特色基本形成，并按计划进行了强力推进和优化，最终实现了效益效果最佳最优。

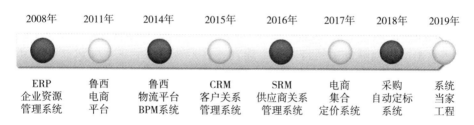

图13-1　鲁西集团管理模式发展历程

二　"系统当家工程"的探索与实践

鲁西集团不断推进经营管理信息化系统建设，逐步形成采购、销售、物流、财务等业务板块融为一体的"系统当家工程"。销售管理做到从客户打款、下订单、送货到发票结算一条龙自动化服务；采购管理做到从供应商注册、询报价、中标签合同、质检验收到财务自动付款全流程在线服务；物流管理做到车货自主匹配，运费自动结算。

在"系统当家工程"实施过程中，鲁西集团没有可借鉴的成功经验，全是按照自己的实际和客户需求，不断进行摸索、研究、开发、优化、调整和完善。

（一）鲁西电商平台——把销售管理交给"系统当家工程"

（1）建立电子商务平台——鲁西商城。此举开创了中国化工行业电商销售模式的先河，实现了园区近千万吨化工与化肥产品的网上销售和结算，价格公开透明，客户足不出户即可完成打款下单。通过电商后台监盘，业务往来明细一目了然，鲁西商城极大地提升了客户体验，得到了的客户信赖和支持。

（2）实施系统"集合定价"决定交易价格。所谓"集合定价"，就是在鲁西商城平台鼓励客户参与价格申报，平台根据每天的产品市场行情、原材料成本、产量，以及客户申报价格和数量，自动计算出每种产品的成交价，系统按照"价格优先、生产客户优先、申报价格时间顺序优先"的规则，由系统给客户分配成交数量，客户自主下单打款。由"集合定价"形成的产品交易价格更加接近真正的市场价格，兼顾了企业与客户利益，排除了人为因素对价格的干扰。"集合定价"不仅弥补了以往的销售管理漏洞，而且提高了工作效率，大幅降低了销售费用，提升了客户满意度，实现了公平、公正、透明销售。

（3）开发"系统定量定价"模式，持续完善电商销售系统。2021年，鲁西商城导入"系统定量定价"模式，即综合考虑各产品产量、活跃度、库存、成本、市场异常信息等销售影响因素，由系统自动确定每日可销量及开盘价，每日上午9点鲁西商城准时开盘，客户在电商平台参与竞拍销售，成为"集合定价"的有益补充。这真正实现了销售让系统当家，最大限度地规避经济领域的灰色交易，销售业务更加公开、透明。

（二）创建鲁西采购平台——把采购管理交给"系统当家工程"

（1）开发采购平台——鲁西采购网。鲁西集团供应商关系管理系统（Supplier Relationship Management，SRM）系统上线，采购业务全部转到线上。

2018 年，集团自主开发鲁西采购网，采购流程高效规范，符合资质的供应商快速注册，"零门槛"入驻，系统自动审核并自动确定中标的供应商。

（2）实施"自动定标"持续优化采购模式。按照采购物资的类别，实施多种自动定标方式。采购不再是业务员说了算，也不是采购部门和领导说了算，而是系统当家做主，按系统预置规则自动定标比价，过程不受人为干预，做到了公平、公正、透明。

（3）实现中标采购合同的系统排程打款。鲁西集团把财务合同付款评审制定为 3 类 10 种付款协议，按照约定的合同付款节点自动付款，解除了供应商普遍担心的回款过程中人为干扰的"痼疾"，做到了该付的款到时就付，不该付的款找谁也不能付。

（三）开发鲁西物流平台——把物流管理交给"系统当家工程"

（1）自主研发物流平台——鲁西物流。2013 年，鲁西集团承担国家科技支撑计划，研发鲁西物流平台，实现了危化品业务板块的平台运行，实现了物流车源管理和货源配载的"系统当家"。

（2）推行物流管理的无人值守过磅。鲁西集团推行园区物流"一卡通"管理系统，实现了进入园区的物流车辆和司机自助取卡、自动排队、自助计量，解决了鲁西集团物流管理种类多、数量大、过磅业务量大等问题，解决了园区规模扩大后物资计量地点分散、危化品液体灌装安全管理等问题，确保了发货质量和安全交付，做到了化工园区掌握物流管理的主动权。

（3）实施物流多模式公开运行。鲁西集团的物流货品有普通货物、危险货品等类型，不同类型货品的数量和批次存在差异。鲁西集团对物流业务进行整合，杜绝线下派车，全部实施平台化管理，只要是符合承运资质的物流公司均可在平台自主注册，成为合格的承运商。平台实施普货竞价、危货轮派、打包竞价、定价配载、明确运价等管理制度，提高了物流效率。2021 年开发的物流一码通，实现了装卸预约可视化管控。

（四）采购、销售、物流平台与生产、企业管理平台整合——把集团的全面管理交给"系统当家工程"

（1）上线并对接流程管理（BPM）系统。鲁西集团的 BPM 系统围绕企业内控管理，管理制度化、制度流程化、流程表单化、表单信息化得到了有效提升，同时实现了与 ERP 系统、电商系统、CRM 系统、短信平台、邮件系统、集团官网、地磅系统、SRM 系统八个系统的集成，规范了合同、费用、经营、行政管理、标准化管理体系各流程环节。

（2）上线并对接客户关系管理（CRM）系统。实现对客户全方位的管理和服务，全过程商机跟进，对销售行为及销售过程进行系统管控，最终实现客户资源公司化、销售流程自动化、工作汇报移动化、市场分析数据化的销售"四化"管理。

（3）上线并对接供应商关系管理（SRM）系统。从物资计划、询比价、合同签订、要货、到货、质检、收货到 NC 入库，打通了采购全流程，规范了采购业务，过程公开、透明、可追溯，同时开发了报表分析、管控，实现了网页版系统登录操作不受地域限制，提高了相关方的协同效率和满意度。

（4）开发并整合采购、生产、销售一体化经营平台。以鲁西集团运行的各种信息化工具为基础，整合提炼原料产品上下游全生命周期信息，以"实时监控+数据报表+阶段分析报告+预警推送+移动终端"模式呈现每日产、供、销、存即时信息，形成跨平台大数据可视化的决策分析系统，为每日采购销售、定量定价提供生产运行、经营决策依据。

自 2008 年以来，集团先后引入 ERP、CRM、SRM、BPM、电商平台、采购网、物流平台等系统并实现整合对接，打破了信息孤岛，实现了财务资金、人力资源、项目管理及产供销存供应链管理的智能化无缝对接，理顺了业务流程，提高了工作效率，提升了客户满意度，各项管理可追溯、可落实，真正把全面管理交给"系统当家工程"。

（五）贯通资金流、信息流、工作流——把集团商务支持和服务交给"系统当家工程"

（1）设立商务服务职能机构，完善"系统当家工程"。2019 年，鲁西集团成立了"商务服务处"，其客服人员每天上班后全部上交手机，在无任何人为信息干扰的情况下，及时处理采购、物流、销售平台系统挂单操作及平台反馈的信息。鲁西集团通过在线客服、智能机器人、400 电话、官网留言、远程技术指导、网上服务办事大厅等多种渠道，提供了全方位的线上线下贴心服务，提升了"系统当家工程"各个相关方的满意度。

（2）引入科学管理手段和工具，支持"系统当家工程"。采购系统实施电子合同签章、合同付款自动排程，提高了业务协同效率；开发采购效率报表、采购网手机APP，提高了工作质量和供方操作体验；销售系统对电商平台进行全面升级改版，实施诚信风险金管理，提高了双方履约意识；物流系统开发车辆轮派功能，有效规避了抢单问题，提升了业务处置流程效率，提高了平台信息透明度，为相关方提供了更高效、更便捷的服务。

（3）系统服务质量提升及职能延伸助力"系统当家工程"。鲁西集团严抓产品质量管理，坚持诚信为本，以市场需求和客户满意为标准，重视客户反馈和感受。2020年，受新冠疫情影响，集团生产运营面临挑战，集团下发倡议书，引导集团全员转变意识，牢固树立"以客户为中心"的理念和"涉外优先"原则，开展主动服务和创新性服务，促使服务质量全面提质提标，做好客户服务工作水平，同时建立服务信息反馈平台，充分发挥引导监督作用，推动考核服务质量再提升。2020年下半年投入运营的鲁西服务大厅实现了"一站式"服务功能。

三 "系统当家工程"的实施效果

（一）从"线下人工操作"向"平台系统操作"转型，提高了工作效率和协同效率

自2008年起，鲁西集团先后上线ERP、CRM、SRM、BPM、MES、鲁西电商平台、鲁西采购网、鲁西物流平台等信息系统，业务操作从线下全部转为平台系统操作。销售平台实现了客户足不出户即可完成网上交易；采购平台打通了计划、比价、合同、要货、到货、质检、入库等全流程；物流平台取消线下派车，全部实施平台化管理，提高了物流执行效率，提升了相关方满意度。同时，各平台整合对接后实现了信息互联和数据共享，提升了协同效率和效果。

"系统当家工程"是一个不断发现问题、弥补漏洞的过程，是一个推动营销模式变革的过程，是一个推进信息化建设和大数据应用的过程。从本质上来说，"系统当家工程"也是国企从"人治"到"法治"的过程，是推动国企管理体制和机制改革转型的过程。

（二）从"管理盲盒"向商业生态平台转型，实现了国企体制和机制的改革创新

"管理盲盒"或"管理黑箱"来源于国外现代控制理论。在领导科学中，黑箱管理是指在管理一个机构或一件事物时，将其内部视为一个"漆黑的箱子"，控制其输入信息，检查其输出信息，从而达到管理的目的。管理者只管目标任务及必要条件的输入，以及检查验收输出的结果，不必花费精力过问中间过程。只有当下属遇到困难不能完成任务、转换机制不能正常工作时，上级才去打开"黑箱"、解决问题。

经营平台"零门槛"准入，符合资质均可自动注册，采购、销售、物流运输结合业务实际，制定不同的定标规则，规则公开透明；鲁西商城涵盖集合定价、电商竞价、电商竞拍、定量定价等多种定标模式，如集合定价充分考虑了企业与客户的利益，确定的产品价格贴近市场，更加公平合理，与客户构建起了立体的信任关系；鲁西采购按照物资类别，找准路径，实施 13 种自动定标方式，分类操作，充分利用大数据，按系统预置规则自动定标，线上比价过程不受人为干预，真正实现了采购的公开透明；鲁西物流多模式组合，实施普货竞价、危货轮派、打包竞价、定价配载，汽运、海运、火运、海陆联运等多种运输方式满足了业务需要。

鲁西集团实施的"系统当家工程"主动打开管理工程的"黑箱"，借助于管理信息系统，把管理的输入、转换、输出等所有环节公开并信息化，明确规则和衡量标准，把企业所有内部管理主体、供应商和客户纳入一个大系统平台，并形成良性互动，培育并营造出一个健康的商业生态平台，实现国企体制和机制改革的突破创新。

（三）从国企干部向企业家转型，促进观念转变和角色重新定位

随着"系统当家工程"的优化升级，参与其中的鲁西职工的信息员、服务员、推广员的角色定位客观上得到固化。以市场为导向，注重市场信息收集、产业链深度调研、服务质量提高、技术营销推进等观念转变并不断强化。

（四）从地方国企向国家队转型，扩大鲁西品牌影响力

2019 年 10 月，中化投资发展有限公司收购鲁西集团，同时聊城市人民政

府国有资产监督管理委员会同意通过无偿划转股权等方式，促成中化投资发展有限公司成为鲁西集团第一大股东并控股，鲁西集团从地方国企转为央企国家队，这是对鲁西集团多年经营管理成果的最高认可。"系统当家工程"以引领和持续优化集团内部管理环境为目标，不仅取得了良好的经济效益，而且收获了来自供应商、客户的赞誉。正如供应商反馈的"前期因担心付款慢，报价时往往会把价格抬高一部分，现在鲁西的门槛放开后，竞争压力虽然大了，但是系统回款快，物资验收合格后开具发票次月系统自动付款，再也不用联系业务经理催款了"，鲁西集团遵守契约精神，进一步增强了鲁西集团信誉，提升了鲁西品牌的影响力。

第十四章　信发集团产业链数字化
转型的经验与启示

企业产业链数字化是企业为适应新一轮工业革命，以数字技术为基础，以数字平台为支撑，以数据要素为核心，形成数据、信息、知识和智能新动力，对企业全产业链的上下游业务分工、运营流程、组织架构和管理体系等进行数字化整合和再造，培育个性定制、柔性制造、智慧物流等新模式，推动数据赋能全产业链协同转型，增强产业链韧性，提升企业自身竞争力，促进企业高质量发展。信发集团始终秉承"理念国际化、产业高端化、生产精细化、管理人性化"的发展理念，瞄准国际技术装备制高点，以信息化、数字化、智能化为突破口，充分发挥信息化优势，以及数字技术在传统产业发展中的赋能引领作用，通过提升智能化装备水平、优化智造过程、满足产品的个性化需求、实现企业服务的在线化等，整合各个生产环节的数据，在全产业链上下游环节推动数字化转型升级，有效提升企业产品和服务的质量与效率，不断推动企业高质量发展。

一　信发集团产业链数字化转型的成效

（一）信发集团及其产业链简介

信发集团是一家集发电、供热、氧化铝、电解铝、碳素、化工、铝深加工、盐矿开发、煤矿开发、铝矿开发等产业于一体的现代化大型企业集团。现有所属及控股企业 80 家，总资产 2700 亿元，职工 4 万余人。自 1999 年改制以来，信发集团累计向国家缴纳税费近千亿元。在广西、新疆、山西等地建设了分公司，在澳大利亚、斐济拥有稳定的铝土矿资源。经过多年发展，信发集团以"生态、创新、清洁、高效"为生产经营方针，在发电、电解铝、氧化铝、烧碱、碳素、化工等领域实现了高质量发展，在装备水平、劳动效率、经济效益、碳排放等方面处于世界同行业领先水平，先后获得"国家级生态型循环铝工业示范基地"（2013）、"资源综合利用'双百工程'骨干企业"（2014）、"国家大宗固体废弃物综合利用基地"（2019）等国家级荣誉称号。

作为国内第一家使用国外铝土矿生产氧化铝的民营企业，信发集团聚焦电解铝主业，主要形成了"一主三副"的产业链条，如图 14-1 所示。以最终产品进行分类，所谓"一主"，是指电解铝产业链条涵盖了上游的铝土矿、煤矿、岩盐等原料开采，中游冶炼环节的氧化铝、电解铝、新型碳素和生产制造环节的铝杆、铝合金棒、铝水等产品，深加工环节的汽车轮毂、铝合金变速箱等，以及下游的销售和物流业，贡献了信发集团主要的业务收入和利税。所谓"三副"，主要指化工产业链条、建材产业链条和电热气专供链条。化工产业链条涵盖了上游的岩盐、液碱（片碱）、氢气、氯气、氮气和电石原料，形成了聚氯乙烯及其深加工产品和 BDO，以及生物可降解塑料、高端纺织材料氨纶等精细加工产品。建材产业链条充分利用上游电厂排出的粉煤灰、煤渣，以及从电厂、电解铝厂、碳素厂排出的脱硫石膏等副产品，生产粉煤灰制砖、砌块、石膏粉、纸面石膏板等新型建材产品。电热气专供链条是指工业园区、城区和现代农业供电供热链条。

（二）信发集团产业链数字化转型的成效

自 2013 年以来，信发集团逐步投入并运行了集销售（CRM）、计划（APS）、采购（SCM）、生产（MES）、物流（WMS）、分销（DRP）于一体的智能工厂软件系统和企业温室气体排放数据直报系统等信息化管理系统，初步完成了产业链由信息化（第一阶段）向数字化（第二阶段）的转型，目前正处于由数字化向数智化迈进的第三阶段，如图 14-2 所示。经过数字化建设，整个集团的全产业链自动化、数字化、智能化水平得到大幅提高。

一方面，数据要素和系统平台聚合了集团产业链上下游的物流、人流、资金流、信息流，优化了集团内部的要素资源配置和生产运营流程，降低了生产成本，大大提升了管理质量和效率，经济效益整体显著提升。根据聊城市企业联合会、聊城市企业家协会提供的数据，2013—2021 年信发集团主营业务的营业收入整体呈现出较快增长的趋势，年化增长率（按几何平均数计

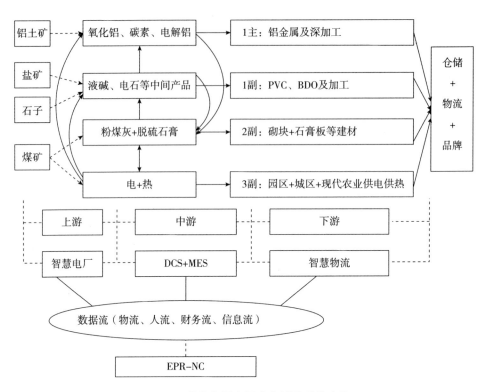

图 14-1 信发集团主要产业链及其数字化

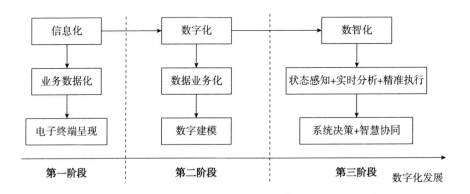

图 14-2 信发集团产业链处于数字化向数智化过渡的阶段

算）达到 8.36%。2021 年，信发集团主营业务收入达到 2312 亿元，是 2013 年的 1.90 倍，如图 14-3 所示。

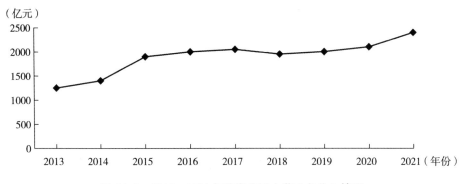

图 14-3　2013—2021 年信发集团主营业务收入情况

从 2018 年开始，信发集团利润总额不断增长。2021 年，利润总额达到 208.2 亿元，利税总额达到 274.1 亿元，均创下历史新高，如图 14-4 所示。从营业收入的利润率来看，2018—2021 年信发集团平均年营业收入利润率（按算术平均数计算）达到 7.56%。

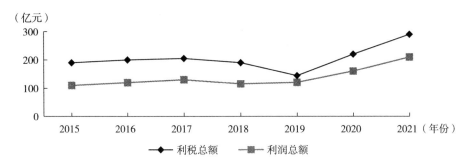

图 14-4　2015—2021 年信发集团利润和利税总额情况

另一方面，数据在线精准监测和管理有助于清洁生产、低碳生产，推进了循环经济，推动了节能减排，从而减少了碳排放量，生态效益日益凸显。2017 年，信发集团电解铝板块实现了碳达峰。2018 年 10 月，信发集团对元素碳含量进行实测，为实现全国碳市场第一个履约周期配额清缴提供了实测数据支撑。2021 年 12 月 7 日，信发集团在山东省内率先完成了全国碳市场第一个履约周期配额清缴。经核查统计，2019—2020 年信发集团碳排放实现盈余总量 1759 万吨，碳资产已经成为宝贵的企业资源。截至 2022 年 7 月，信发集团累计完成碳交易 1407.6 万吨，占全国总交易量的 7.47%；累计交易额 7.43 亿元，占全国总交易额的 9.1%，居全国首位。

二　信发集团产业链数字化转型的做法

作为跨国公司和大型企业，信发集团紧紧抓住新一轮工业革命机遇，积极拥抱数字技术和智能革命，建立智能生产管理系统，大力引进并创新研发自动化、智能化设备，打造绿色智能工厂，不断强化管理系统、环保监测系统与智能工厂的深度集成，在信息化建设、数字赋能全产业链方面积累了有益做法（见图 14-5），取得了不少成果。

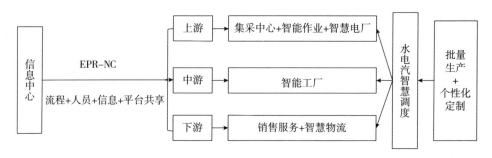

图 14-5　信发集团产业链数字化转型路径

（一）以成立信息化部门为抓手，推进整个集团的信息化建设

围绕信息化建设，信发集团成立了专门的信息化部门——信息中心。通过信息中心，信发集团全面掌握、推进信息化建设。信息中心设立 1 名首席信息官（CIO），全面负责公司的信息技术和系统。为实现集约化、数据化、远程化管理，自 2013 年开始，信发集团信息中心着手实施用友软件公司推出的 ERP-NC 系统，该系统应用浪潮私有云，利用动态建模工具，构建集团先进的管理体系，涵盖财务共享服务中心、资金中心、供应链、电子商务、项目管理、资产管理、人力资源、智慧物流八大领域 100 多个模块。集团先后成立财务共享服务中心、集采中心、销售服务中心等大科室，集团各公司全

部部署在该系统上，使企业的物流、资金流、决策指挥系统运行平稳，全面实现集团人财物产供销的协同管理、高效整合，使集团信息流效率大大提升，管理质量发生质的飞跃。

（二）以业财一体化为突破口，实现流程人员信息平台共享

2007—2012 年，信发集团在全国各地设立分公司，在扩大生产规模、提高市场占有率的同时，部分设备陈旧、技术落后、机构冗余、管理费用居高不下的问题逐渐显现出来，再加上国家"三去一降一补"的政策调控和互联网、物联网、移动网、大数据、云计算及人工智能的兴起，从内外因上均要求集团探寻出一条加强集团垂直管理、增强财务管控能力、降低财务风险的新路子。这条新路子的突破口，在当时称为业财一体化。信发集团与用友软件公司展开合作，建设财务共享服务中心，并逐步发展为财务信息数据中心，随后走向了全方位实施业财一体化系统的道路。业财一体化使业财流程深度集成、高度自动化，全面规范了集团总部、分子公司和共享服务中心的财务工作标准，保障了财务数据的准确性和完整性，提高了财务工作的效率，财务人员的数量由财务共享服务中心成立之前的 107 人减少为 62 人，实现了"精兵简政"。通过集团内的平台共享、流程共享、信息共享和人员共享，提供面向集团、面向客户、面向社会的服务，推动财务职能实现由管理到服务的转变，强化了集团财务风险管控，满足了集团兼并重组以及海内外业务扩张的需求。

（三）引进并研发智能控制系统，推进产业链智能化、绿色化

在产业链上游，信发集团利用现代信息技术和智能控制系统对物料作业、发电进行数字化改造，大大提高了工作效率，推进了绿色生产。①在煤炭装卸、运输、仓储领域，信发集团的全自动输储煤智能装卸系统采用无人值守过磅系统，实现了自动计量、自动采样、自动化验分析、自动卸车、自动冲洗车辆。火车智能卸煤系统利用现代信息技术，实现了数字化配煤，采用全自动双翻翻车机卸煤，39 秒即可卸完两车，只需一人操作，就完成了原来200 人的工作量，大大提高了工作效率，减轻了劳动强度，改善了煤场环境。②以此技术为基础，信发集团还根据氧化铝粉、石子、石油焦、兰炭等物料的自身特点创新设计了不同类型的全自动无尘装卸系统，既提高了工作效率，

又杜绝了扬尘污染。其中，可容纳五辆罐车同时卸车的氧化铝粉自动卸料站由信发集团自行设计，为全国首创。③在发电领域，信发集团集成世界一流的技术装备，引入了先进的智慧电厂专家系统，大大降低了发电成本，提高了发电效率。通过"上大压小"，投入运行的6×660MW高效超超临界机组和2×1100MW超超临界风冷机组集世界各国的前沿技术和装备于一身，全程实现了集约化管理、自动化控制。机组采用艾默生DCS控制系统对炉、机、电、网进行集中控制，主控室采用三机一控，每台机组只有三名工人，整个电厂引入欧洲斯蒂雅阁集团的性能监控和优化EPOS系统进行参数改进，建设了智慧电厂。

在产业链中游，信发集团大力打造智能工厂。①660KA电解铝项目在设计过程中打破常规，参照电力行业控制方案、策略，与杭州和利时公司合作开发中央集控智能控制系统，将生产过程的所有环节纳入DCS控制系统，全厂近十万控制点实现了DCS、MES、NC、ERP全覆盖，3块电子屏、24台电脑由一人集中控制。系统完美兼容各个厂家的DCS、单片机、PLC、ECS等各种自动化系统，实现了全厂生产设备子系统数据采集、传输、储存、分析、反馈及远程控制、操作、中央集控的功能，解决了传统电解铝行业生产车间地点分散、各设备系统厂家不统一、信息互通困难的问题，并且通过分析平台上的数据，为管理决策提供了依据。该设计获得两项国家专利，在同行业内具有推广意义。信发集团的研发团队因此被中国自动化学会评为"中国自动化领域年度团队"。②新型合金铝功能材料项目采用世界高端的技术和装备，引入先进的DCS控制系统和MES生产管理系统，成为国内首个引入全套自动化软件系统的铸造车间，采用全自动锯切机、全自动无人铝棒码垛装车系统，实现了从锯切到发货无人值守。③新型碳素项目采用模块化、数字化、自动化和智能化技术，2800米的悬链装置，具备一键启停功能，在世界碳素行业内实现了全流程自动化协同操作和集中控制。④信发集团的环保建材项目利用电厂的炉灰、炉渣、脱硫石膏等固废，生产粉煤灰砖、脱硫石膏、纸面石膏板、砌块等。建材项目采用和利时公司的集散控制系统DCS，利用一台电脑即可对现场所有设备进行控制、监视，实现现场无人值守。现场一次设备集成采用德国LASCO、格林策巴赫、fanuc机器人等公司的高端产品，特别是北京朗信和山东交通学院定向研发的自动装车机器人和自动采样机器人，工作效率大大提升。

在产业链下游，积极推进"互联网+物流"平台建设。信发集团下属公司与相关公司合作组建信息科技公司，自主开发、建设并运营集各类角色内部管理、外部协调、物流服务交易、物流过程管理和协作流程对接为一体的物流信息管理平台。①成功开发了智能竞价系统。利用货源优势、价格优势整合社会运力，自主研发了基于AI大数据分析的智能竞价系统，为上游货主降低了5%的运输成本，装卸车的效率提高了50%，货车空驶率降低了50%左右。②建设了监控云平台。自主研发的车辆主动安全监控系统，使用北斗定位服务、驾驶疲劳防范和人脸识别，实现车辆位置跟踪、轨迹查询、行为操作习惯、行车路况等实时预警，有效规范驾驶员在运输过程中的操作行为，保证货物运输安全，事故发生率降低了50%~60%。根据业务需求进行区域和运输路线规划，货物运输安全性提高了30%左右；通过平台及时关注道路交通情况，提前了解拥堵情况，通知司机进行规避，可提高20%的运输效率；通过平台直接下载当时的监控视频，或通过存储卡及时调取监控视频，可减少30%的事故处理时间。③构建了托运人—运费支付—平台—运费支付—实际承运人—后市场消费（涉及住宿、餐饮、油气站、货车ETC、金融保险、车辆购置、配件维修、轮胎、润滑油等）的智运生态链，实现了业务数据全程可视化。

在全产业链上，信发集团对能源电力和水处理进行智能化控制，加强碳排放数据管理，对部分产品采用个性化定制模式。①在能源电力领域，信发集团成立能源调度中心。区域电网通过各厂站PTN通信装置和通信光纤组成调度数据网，所有机组变电站的运行参数、继电保护、稳控装置、故障录波等数据通过调度数据网上传至集团调度中心。集团调度人员可根据数据分析得出结论，从而调整电网运行，处理电网事故，保障电网安全稳控运行。②无人值守的水处理中心采用艾默生控制系统，对主要设备的状态、数据进行远程实时监控，通过自动生成的历史数据库、生产报表、统计报表，分析产品质量、能耗指标、成本指标等，并对设备的运行和维护周期进行管理，在水处理行业具有示范作用。③信发集团成立了专门的碳资产管理中心，形成了包括碳数据在线实测、数据采集、数据汇总、数据报送和碳交易在内的较为完整的碳资产数据管理体系。④新型合金铝功能材料项目，可以根据客户需求进行个性化定制，生产不同规格、不同配比的合金棒，实现了数字化管理、订单式生产。

三　信发集团产业链数字化转型的启示

信发集团产业链数字化转型是信发集团多年来秉承理念国际化、产业高端化、生产精细化、管理人性化的企业发展理念，主动探索适应新一轮工业革命潮流的结果，响应了数字化经济发展的最新政策要求，走在了行业发展前列、数字变革前端。

（一）理念国际化，紧跟国际前沿，应用数字化、智能化新成果

数字化转型是坚持理念国际化的主动选择。理念决定眼光，眼光决定视野，视野决定格局，格局决定位置。尽管当前国际形势多变，一度出现了逆全球化的杂音，但全球化、开放化仍然是人类社会发展的主旋律。20 世纪末，现在的信发集团还是一个小工厂，企业负责人要求从上新项目到采购机器设备，再到提升工作效率、控制企业经营成本，一定要以国际化为标准。实践进一步证明，只有追求国际上最先进的，企业才有生命力。信发集团正是从创业时期树立了国际化的先进理念，才指引着企业一步步做大，成为世界一流的电解铝企业。2004 年，聊城信发华宇氧化铝有限公司成立，成为第一家利用国外铝土矿生产氧化铝的民营企业，实现了铝粉配套。2005 年，企业实施"走出去"的发展战略，相继在印尼、斐济、澳大利亚等国家建立铝土矿资源开发基地。这些为信发集团进一步发展壮大、成为世界同行业知名的跨国公司打下了基础。

随着公司财务能力的增强，上新项目成为公司发展的新要求。新项目对应着新技术、新设备，这就需要从国际上对标世界一流的设备制造厂家。以发电机组为例，2013—2015 年信发集团以国际最先进、最环保、最节能为标准，主要设备全部采用德国、日本、意大利的技术装备，建设了 6×66 万千瓦超超临界机组。2015 年，信发集团成功爆破七座凉水塔，彻底结束了"小火电"时代，进入了高效超超临界发电技术时代。2018 年，信发集团开始探索智慧电厂专家系统，通过调研莱茵集团、斯蒂雅阁集团和曼海姆发电集团的数字电厂，最后与斯蒂雅阁集团签订了 66 万 6 号机组的 BCM 智能吹灰系统和第二套性能监控和优化项目 EPOS，进一步提高了发电机组效率，减少了碳排放。因此，信发集团智慧电厂的建设和运行是一贯秉承理念国际化的主动选

择。正是一贯坚持国际化理念、对标世界一流企业，信发集团才能在激烈的市场竞争中，及时捕捉新一轮数字化、智能化发展机遇，主动应用数字化、智能化最新成果，成为新一轮数字革命的"弄潮儿"。

（二）产业高端化，紧抓发展本质，围绕长期成本效益做文章

数字化转型的本质是降低发展成本，推动产业高端化。产业本身只有传统和新兴之分，并无高端和低端之分。从企业参与市场竞争的角度而言，产业发展被赋予了成本和效益的高低属性。所谓产业高端化，就是企业通过相应的战略管理（包括纵向一体化和横向一体化）和新技术整合全产业链，在原料采购、装备应用、经营模式、产品研发和产品质量等领域取得市场竞争的制高点，从而在成本和效益两个方面获得同行业竞争的领先优势。成本和效益是企业在生存与发展中关注的最基本、最简单、最实际而又最关键、最容易犯错误的两个基本问题。采用世界上最先进的技术装备和专家数字系统，从表面上来看吃了短期成本的亏（因为高端先进设备价格昂贵），但从长远来看避免了落后设备不断淘汰的沉没成本和环保监管的关门成本，不仅可以让企业活下来，而且可以活得更好。

"信发集团不仅要当好有色金属行业的排头兵，而且要与世界一流的铝业争伯仲，比高低。"这就需要信发集团进一步抢占世界电解铝行业发展的制高点，推进产业高端化。信发集团经过改制后多年的发展，将成本优势发挥到极致，做到了同行业的世界第一。作为信发集团产业高端化的最新表现形式之一，推动产业链数字化的路径是通过信息化、数字化、智能化建设整合产业链条，优化企业组织流程和商业模式，其实质是降低企业管理成本、财务成本、节能减排成本和研发新产品成本，增强企业生存韧性和发展活力，拓宽业务渠道，增加企业收入，从而不断提高企业发展质量和效益。信发集团正是因为坚持产业高端化，紧抓发展本质，围绕长期成本效益做文章，积极拥抱数字经济，号准了电解铝传统产业的命脉，才让传统产业焕发了新活力，在节能减排和提高发展质量与效益中做出了行业表率。

（三）生产精细化，紧铸创新引擎，实施全员创新与专项创新

数字化转型是生产精细化的必然结果。精细化生产让生产精度更高，即在满足企业产品质量和数量的前提条件下，使企业生产所需的一切资源占用

尽可能少，使一切资源的利用率尽可能高。生产精细化可显著提高企业资源利用效率，优化企业资源配置，从而降低企业生产成本，扩大企业经济效益。信发集团长期坚持生产精细化方针，追求精益求精，创造了循环链网与数字经济高度融合的行业经营模式。信发集团的"一主三副"产业链并不是单个存在的孤岛，而是通过数字技术（数字链）和若干中间产品（产品链）形成的前后衔接、上下关联的"热电联产、铝电联营、化工配套、建材发展、吃干榨净"的循环经济数字链网。根据信发集团的内部测算，这一循环经济数字链网不仅节约了煤炭和水的使用量，而且还开发了以固废物为原料的新产品，大大降低了单位的产品能耗和碳排放，产生的直接效益已超过100亿元。2020年信发集团的纸面石膏板荣获"全国石膏行业突出贡献奖"。2021年12月，信发集团的建材产品顺利通过"中国绿色建材产品"最高星级认证，荣获"绿色建材评价标识"三星证书。2023年2月，信发集团茌平信源环保建材公司被工业和信息化部评为"绿色工厂"。

信发集团实现生产精细化依靠的是不断改进和创新，铸造创新驱动引擎。信发集团高度重视技术创新，在每周的集团例会上，技术创新情况是各公司首要汇报的工作内容，以便各公司对标学习、交流提升。信发集团成立技术中心，由集团董事长亲自担任中心名誉主任。集团结合实际情况，将集团技术创新工作分为全员创新和重点专项创新。针对全员创新，集团出台了《信发集团技术创新管理办法》，从创新的管理、申报、立项、评审、实施、验收及奖励等方面做了详细而具体的规定，尤其是在奖励方面，以集团需求为出发点进行评估，按照当年实现新增效益的1%，对创新提出人、实施人进行奖励，大大激发了员工创新的激情和动力。2021年共上报创新项目1110项，增效50万元以上的有278项；创新投入金额约2.3亿元，增效金额约30亿元；2021年共奖励金额约977万元。

（四）管理人性化，提高执行效能，建立一支高效能执行团队

数字化转型是管理人性化的发展要求。企业发展重要的生命力之一就是员工的能动性。要调动员工的能动性，需要实现人性化管理，做到以人为本。管理人性化有很多内容，如尊重员工，给予员工物质激励和精神激励等。与管理人性化相适应，信发集团强调"对上要敬、对下要慈、对人要和、对事要真"的企业文化，形成了"求严务实、开拓创新、敢为人先、争创一流"

的企业精神。管理人性化的基点是注重挖掘员工的潜能，增强员工的技能，提高员工的职业素质。信发集团成立了职业技能培训中心，通过开展提升员工专业技术操作水平、安全教育培训活动和承办技术比武、员工职业技能鉴定、特殊工种职业资格证考试及选拔高技能人才任务，为集团发展提供有力的人才支撑。管理人性化的终点是解放和破除员工体力劳动的束缚，充分发挥员工的主动性和创造力。其路径之一就是通过数字化转型，实现自动化、智能化生产，将员工从工作内容单调枯燥、工作环境恶劣的生产劳动束缚中解放出来，从事创新、创造性工作。信发集团通过数字化转型，解放了相当一部分劳动力，他们被安排到新的工作岗位，推动了集团的新发展。

信发集团管理人性化催生了强大的执行力，形成了高效能的执行团队，创造了信发速度。在信发集团数字化转型之前，集团建设了一支"特别能吃苦、特别能战斗、特别能忍耐、特别能奉献"的"四特"团队，与不利的作业环境斗智斗勇，与时间赛跑，敢为人先，保质保量完成了"当年开工、当年投产、当年见效"的发展目标。在信发集团数字化转型的过程中，从事信息化建设、智能化设备采购和应用、碳排放数据管理等工作的员工大力发扬"四特"精神，主动作为，为信发集团产业链数字化转型做出了积极贡献。

第十五章 乖宝集团"双拼粮"品类
创新的做法与启示

品类创新就是在原有品类的基础上，开创一个新品类以满足消费市场的需求，是企业技术创新结合市场创新的综合性商业创新，已成为当前激烈市场竞争下新品牌成功出圈的重要手段。乖宝宠物食品集团股份有限公司（以下简称"乖宝集团"）的麦富迪品牌就是典型代表，乖宝集团利用"双拼粮"品类创新，将麦富迪品牌从宠物零食拓展为宠物主食领先品牌，并基于品牌力量，孵化出更多的品类系列，使麦富迪成为当前产品系列极具多样性的国产品牌之一。

一 乖宝集团"双拼粮"品类创新的主要成效

乖宝集团自 2006 年成立以来，一直秉持"全球视野，持续创新"的理念，致力于生产消费者需要的营养、健康的宠物食品。随着品类创新及产品迭代能力的不断提升，乖宝集团的麦富迪品牌成功树立了"年轻、创新、有活力"的品牌形象，成为国内宠物食品行业的标杆。

（一）双拼粮实现了麦富迪品牌的跨界创新

麦富迪（Myfoodie）是乖宝集团转战国内市场后创立的自有品牌。基于多年服务海外客户所积累的产品研发优势，麦富迪在国内宠物零食市场很快脱颖而出，成为消费者广泛认可的宠物零食品牌。由于宠物零食市场容量较小，没有很强的品牌溢价，乖宝集团急需找到一个更具竞争力的发展方向，而双拼粮作为宠物主粮，使麦富迪从零食品牌跨界为具有更高含金量的主粮品牌，成功冲破了宠物主粮市场的壁垒，并迅速占领了一席之地。当时市场上的品牌主要做干粮，而双拼粮则不同，它开创了当时市场上宠物主粮的新品类。麦富迪双拼粮推出来的不是纯粹的干粮，而是一款混合粮，是干粮和肉粒混合而成的粮食，提高了适口性，相当于在主粮里添加了零食，很受宠物的喜爱。

（二）双拼粮衍生出更多的创新品类

全球战略定位大师、里斯战略定位咨询创始人艾·里斯先生早在 20 世纪 60 年代就认识到心智是商业竞争的终极战场，并基于此提出了定位理论。这一理论的提出在全球营销界产生了深远的影响，直至现在，定位理论仍被视为商业史上的经典营销管理理论。即便是在当前信息爆炸的时代，找准定位仍是各企业占据客户心智的秘诀。

乖宝集团深谙定位理论的重要性，始终坚持宠物食品是麦富迪品牌的定位，在推出双拼粮后，灵活实现零食和主粮间的转换，通过零食与主粮混搭及工艺融合等手段，开拓出更多创新品类。起初的双拼粮只是将"牛肉粒和干粮"相混合，随着产品被越来越多的消费者认可和复购，乖宝集团又开发出更多的零食与主粮的混搭品类，如"鸡肉干+干粮""鹿肉+干粮"等。同时，基于这种混搭的生产经验和市场需求，又进一步开发出了不同工艺的融合品类，如以湿粮工艺制作零食、以冻干工艺制作零食等。通过对不同产品的混搭、融合创新，孵化出更多的品类，丰富的产品品类矩阵极大程度地填补了中国宠物粮市场相关定制产品的空白。目前，乖宝集团已开发出以烘干鸡肉、鸭肉、猪肉、羊肉、鱼肉等为主的宠物零食系列，以肉和果蔬搭配为主的宠物湿粮系列，以营养配方、天然食材为主的宠物主粮系列，共计三大品类 1300 多个品种。

（三）企业经营效益实现持续健康增长

随着新品类的不断开发和自有品牌在海外市场的开拓，乖宝集团近几年一直保持着强劲的发展势头。2021 年，乖宝集团收购了 Waggin' Train 品牌，同期与 K9Natural 和 Feline Natural 达成战略合作，并成为这些品牌的中国区域总代理商。到目前为止，乖宝集团的销售渠道主要分为自有品牌（国内品牌和收购品牌）、ODM/OEM 和国外品牌代理三种。从营销视角来看，乖宝集团着力发展自有品牌，积极开拓国内外销售市场，并通过多样化的线上推广进行品牌销售，公司产品的知名度和影响力显著提升，营业收入持续增加（见表 15-1）。

表 15-1　2019 年至 2022 年 6 月乖宝集团的收入结构　单位：万元，%

渠道		2022 年 1-6 月		2021 年		2020 年		2019 年	
		金额	收入占比	金额	收入占比	金额	收入占比	金额	收入占比
自有品牌	国内品牌	76172.8	45.5	123112.1	48.1	99327.5	49.5	70567.0	50.4
	收购品牌	15521.9	9.3	9895.4	3.9				
ODM/OEM		68842.6	41.1	118612.5	46.3	101134.2	50.5	69442.0	49.6
品牌代理		7027.2	4.2	4387.7	1.7				
合计		167564.6	100	256007.7	100	200461.7	100	140009.0	100

资料来源：乖宝集团。

（四）双拼粮为麦富迪赢得了更多的荣誉

在双拼粮品类的加持下，麦富迪成为国内宠物食品行业的标杆，是宠物食品的领先品牌。2021 年，麦富迪获得 MAT2021 犬猫食品品牌天猫销量榜单行业第一名，同时也成为 MAT2021 最受 Z 世代欢迎的宠物食品品牌。2019 年和 2020 年，麦富迪先后获得连续两届亚洲宠物展"年度中国质造大奖""天猫最受消费者欢迎品牌""年度最佳营销大奖"等多项荣誉。

二　乖宝集团品类创新的主要做法

乖宝集团从开始的 OEM/ODM 到现在拥有全球九大天然食材产地直供，出口欧美、日本、韩国等国家和地区，市场占有率在宠物零食和主食领域稳居第一，其辉煌的背后离不开对质量的坚持、对科技的追求和对市场的洞察。

（一）严把质量关，产品质量是品牌竞争力的基础

乖宝集团成立之初，以海外 OEM/ODM 业务为起点，一直按照国际最高标准、人类食用安全卫生标准进行生产。通过对技术和产品质量的不断追求，乖宝集团获得了全球食品安全体系（FSSC22000）、国际食品标准（IFS Food）、英国零售商协会（BRC）等多项国际权威认证，并通过了美国食品和药品管理局（FDA）、加拿大食品检验署（CFIA）和日本农林水产省

（MAFF）等严格的现场审核和进口许可，成为了沃尔玛、品谱等国际企业认定的供应商，产品销往北美、欧洲、日本、韩国等多个国家和地区。

即便业务重心从国外转到国内市场，面对国内市场宠物食品质量一直良莠不齐的情况，乖宝集团依然坚信"质量是一切深发展的基石"，主打"国际化、天然、专业、时尚、创新"的麦富迪品牌形象。"问渠那得清如水，为有源头活水来"，乖宝集团在选用产品原料时始终坚持优质食材，与阿根廷、新西兰、泰国、智利等九大天然食材产地达成了直供合作，保障产品品质。质量就是企业的生命，高品质才是产品立足的基石，是企业发展的灵魂和竞争核心，是企业生存和长远发展的根本。正是对产品质量的孜孜以求，奠定了乖宝集团持续创新的辉煌。

（二）以科技促生产，构筑品牌竞争的技术壁垒

乖宝集团非常重视科技能力培养和科技队伍建设。历经十几年的发展，乖宝集团已拥有国内、泰国两大生产基地，并在美国、日本、荷兰、泰国和中国北京成立了多个子公司。目前，乖宝集团科技中心下设研发中心、检测中心、犬猫适口性试验中心、犬猫营养学研究中心、宠物健康护理中心和辐照中心等部门，具有国际一流的专业技术人才优势，累积了丰富的研发技术成果，保障了乖宝集团持续的技术与产品创新力。其中，研发中心已与英国、美国、泰国、中国大陆及台湾地区等多家科研院所建立紧密的合作关系，并聘请食品和宠物食品领域的多位国际专家担任技术顾问；检测中心配备了美国 Waters 液质联用仪、美国 Agilent 液相和气相色谱仪、thermofisher 原子吸收光谱仪等专业设备，全方位保障宠物食品安全和健康，并按照科学高标准配置了保证宠物食品配方均衡、安全、健康的理化检测室，以及保证宠物食品的适口性和包装材料、水蒸气透过率、撕裂度、耐穿刺性等多种物理性能的物理检测室。此外，乖宝集团独创的犬猫大规模个性化定制 MES 智能柔性生产线是目前宠物主粮领域全球领先的 C2M 个性化定制产品生产技术；引进的美国 Wenger 鲜肉高添加技术是目前宠物主粮领域国际先进的肉类添加技术；电子射线高能物理灭菌保鲜技术是美国 FDA 推荐在食品领域应用的三大辐照技术之一，目前在宠物领域也属于国际先进的灭菌保鲜技术。

（三）以市场为导向，聚焦消费者需求"痛点"

国内宠物市场从养犬政策放开后兴起，尽管到目前为止宠物市场仍以犬、猫为主，但从宠物数量的增速来看，中国宠物市场正在经历由狗主导到猫主导的风格转变，未来猫经济会给宠物市场带来更多的增长。乖宝集团产品的发展也随着国内宠物市场的变化而不断调整。初期以狗零食为主要产品，后逐渐扩展为宠物犬用和猫用主粮系列、零食系列和保健品系列等。同样，乖宝集团"双拼粮"品类的产生也来自市场需求——消费者的痛点。当时，市面上的犬用干粮虽然质优且有营养，但是并没有得到狗狗的青睐。大部分狗都比较挑食，对零食中的肉粒情有独钟，但在消费者看来零食并不能代替主粮，而市面上又找不到更合适的产品，消费者经常将干粮和剪碎的肉粒混合在一起，提高食物的适口性。乖宝集团抓住这一机遇，将其具有竞争优势的零食与主食相混合，进而出现了"双拼粮"的构思。

三 乖宝集团品类创新的经验与启示

任何事情都不是一帆风顺的，潮起潮落才是事物发展的常态，乖宝集团也不例外。乖宝集团成功的背后也经历了很多的曲折和坎坷，纵观其发展历程，我们可以得到一些启示。

（一）持之以恒、勇往直前的奋斗精神

在当今瞬息万变的时代，强弱变换时刻都在发生，唯有持之以恒、勇往直前方得始终。乖宝集团持之以恒、勇往直前的精神主要体现在以下三个方面：

（1）创业之初的勇往直前。乖宝集团董事长秦华在决定创业做宠物食品时遭到了亲朋好友的质疑和反对。尽管大家都不看好该行业的发展，但他丝毫没有动摇。没有资金，他便抵押房产。在市场上购买不到专门的设备，他便带着员工自力更生，反复试制新设备，研发新工艺。屡战屡败，屡败屡战，在一次次的失败后，最终独创性地设计出一种热风烘干机，投资仅仅相当于相同产能烘干机的1/20，并通过了食品药品行业公认的世界最高检测标准——美国FDA的现场审核认定。

（2）面临困境的愈挫愈勇。2013 年，乖宝集团遇到了海外市场危机，由于国际贸易摩擦，美国对产自中国的宠物零食产品采取了一系列非关税贸易限制措施，导致当时以海外业务为重心的乖宝集团受到巨大冲击，大量产品积压，资金链断裂，公司几乎面临停工停产。在此情境下，尽管乖宝集团董事长秦华劝退了很多员工，但他内心仍不屈服，一直在思考如何破解当前的困境。当他认识到海外市场危机是困境，也是转战国内市场的机遇时，他便转变观念，集中精力布局国内市场，创建自有品牌——麦富迪，并最终将麦富迪打造成为国内宠物食品的领军品牌。

（3）坚守质量的持之以恒。因为在国内市场没有任何知名度，渠道和消费者都没有基础，开拓市场遇到了很大的阻力。尽管当时国内宠物市场的产品良莠不齐，但乖宝集团依然坚信"质量是第一生产力"的理念，在做国内产品时，坚持与出口欧美的产品执行相同的标准，用相同的原料、同一条生产线，坚持同样的质量水平，与人类食品卫生标准保持一致。正是这种坚持让乖宝集团在短短几年内，成为了国内宠物零食界的天花板；也正是这种坚持，让乖宝集团冲破了国外品牌对宠物主食市场的垄断，开发出了双拼粮新品类，成为了宠物主食领域的标杆。

虽然遭遇过困境，乖宝集团曾纠结过，也曾自我怀疑过，但仍坚持努力，坚持做好每一件小事，最终破茧成蝶、涅槃重生，开辟出了一片独一无二的天空。

（二）紧跟市场动态，及时调整发展方向

乖宝集团深谙在消费者需求导向的时代需要时时洞察消费者需求变化的趋势和方向。乖宝集团每年都进行消费者调研，迅速识别消费者的需求特征，并以此作为产品创新的起点，双拼粮品类的创新正基于此。

在国内布局之初，乖宝集团依托国际高标准制作工艺竞争国内宠物零食市场，并于 2015 年在国内宠物零食领域取得了行业第一。考虑到宠物食品是"得主粮者得天下"，宠物主粮的国内市场非常大，在宠物食品中占比 70% 以上，因此做主粮成为乖宝集团的发展目标。由于主粮市场产品的高同质性及国外知名品牌已抢先占据了国内市场，乖宝集团要想脱颖而出，急需生产出差异化的产品。就在迷茫主粮产品"做什么"之际，乖宝集团在进行消费者需求调研时发现，消费者对原有的鸡肉干产品提出了新的需求，即希望鸡肉

干再小一点，软一点。他们迅速捕捉到消费者的这一信息点，密切追踪，发现消费者因宠物挑食，便将鸡肉干剪碎和主粮掺起来喂养宠物。基于这一发现，乖宝集团提出了生产双拼粮的构思，并开启了将宠物零食的优势转嫁给主粮的发展之路。

随着我国经济水平的不断提高，养宠观念也在不断地调整。宠物消费者为宠物健康买单的意愿不断增强，对高品质产品的需求持续提升，乖宝集团也开始在高端宠物食品市场持续发力，研发了如弗列加特高肉粮、50%鲜肉天然粮、高端肉粒粮等高端产品，不断补充、完善公司的高端产品系列。

（三）聚焦品类创新，打造"麦富迪"超级品牌

乖宝集团深知宠物食品市场同质性很高，没有差异化的产品很难在市场竞争中获取胜利。因此，乖宝集团在决定进入宠物主粮市场前，就一直探索品类创新，努力寻找竞争的空白领域，抢先占据新品类的心智红利。继双拼粮成为爆品后，乖宝集团不断研发出符合市场需求的新品。当前，麦富迪产品主要包括犬粮、犬零食、猫粮、猫零食和营养保健五大产品类型。犬粮中有"还原狗狗食肉天性"的鲜肉软犬粮系列，鲜肉含量≥60%，动物蛋白含量高，易吸收；有"满足狗狗食肉天性"的全价成犬粮系列，该肉粒粮将低温烘烤的牛肉粒和营养均衡的干粮颗粒按1∶4进行精心搭配，不仅保留了牛肉的天然美味，满足了狗狗的食肉天性，也提供给了狗狗日常所需的营养与能量；有"营养美味新升级"的理想配方犬粮系列、九大食材产地的优质肉类制成的高端肉粒粮犬粮系列；有"一口牛肉一口粮"的牛肉双排粮；还有黑肉粒双拼粮系列、鹿肉双拼粮、其他双拼粮、乖宝乐、佰萃粮、鲜肉天然犬粮等。犬零食中有牛烘烘罐装产品系列、火腿肠系列、洁齿骨、北美原野系列、犬零食等。猫粮中有含肉量96%的弗列加特、弗列加特高肉粮、BARF天然粮、50%鲜肉天然粮、猫爱鱼全价冻干猫粮系列、优能猫粮、冻干系列、天然猫粮、佰萃猫粮、BARF鲜肉主食罐等。猫零食中有羊奶肉包、羊奶肉酱猫条、冻干羊奶棒、元气肉泥系列、猫/亲嘴鱼猫条系列、猫冻干零食、麦富迪冻干生肉饼、鲜炖小蓝罐等。营养保健有猫保健品、狗保健品和小橙帽。

2019年，麦富迪又进军处方粮市场，推出宠物新概念产品——定制处方粮。通过"一宠一处方"的一对一服务，为患病的宠物提供专属解决方案。凭借其优秀的品质和稳定的质量，2018年麦富迪作为中国宠物零食品牌在首

届宠物新国货大会上获得销售冠军，2021年麦富迪作为宠物行业唯一上榜品牌，斩获天猫金妆奖"2021年度TOP品牌"。

（四）精准品牌定位，创新品牌推广策略

乖宝集团自有品牌麦富迪一直致力于更年轻、更高端的营销，这与养宠人群的属性非常贴合。乖宝集团紧紧抓住目标人群的特点，打破传统的宣传渠道，坚定而有力度地推行泛娱乐化营销，使麦富迪品牌的知名度迅速提升，并加大了新一代宠主的黏性。

在Slogan的设计方面，将"一口牛肉一口粮"作为双拼粮的Slogan，突出乖宝主粮中的牛肉元素，不但有粮，更有看得见的牛肉，凸显与当前宠物市场上的主粮的差异。积极开拓线上和线下销售渠道，快速推陈出新，重点发力高端宠物食品市场。

在包装方面，不同于以往欧美产品的自然风景画，而是选择了红色。因为红是中国色，是中国老百姓的吉祥色，在众多的产品中没有任何品牌用过红色包装，更切入到了中国消费者的认知理念。

在品牌推广方面，乖宝集团多措并举宣传推广，提高品牌的认知度，如赞助或冠名《向往的生活》《上新了故宫》《三十而已》等综艺、电影、热门电视剧等，积极通过微博、抖音等平台，围绕节目内容与明星嘉宾互动，提升品牌认知度；联合故宫博物院出品宫标产品"弗列加特"，结合故宫"御猫"文化打造新时代的"萌宠文化"等。

第十六章　三项制度改革下聊城市国企绩效管理现状、问题与改进策略

一　绩效管理的内涵及价值

（一）绩效管理的内涵

绩效管理是指各级管理者和员工为了达到组织目标，共同参与的绩效计划制定、绩效辅导沟通、绩效考核评价、绩效结果应用、绩效目标提升的持续循环过程，绩效管理的目的是持续提升个人、部门和组织的绩效。

（二）绩效管理的价值

绩效管理的价值主要体现在三个方面：一是实现企业战略的"指挥棒"。绩效通过将战略目标层层分解至部门、个人，让部门、员工围绕企业战略这一共同目标努力，保障组织战略实现。二是提升管理效能的"抓手"。各级管理者在管理过程中，通过绩效指标制定、绩效考核、绩效面谈和辅导、绩效应用等实现对员工的管理，管理只有紧紧围绕绩效这一抓手才能体现管理效能。三是提升、评价员工的"风向标"。绩效管理通过绩效目标设定锚定员工努力方向，通过绩效辅导提升员工绩效水平，通过绩效考核及应用调动员工积极性。

二　国企三项制度改革对国企绩效管理机制建设及运行的要求

（一）国企三项制度改革及对绩效管理的要求

1. 国企三项制度改革的历史渊源及核心要求

2001 年，国家经济贸易委员会和人事部、劳动和社会保障部联合印发

《关于深化国有企业内部人事、劳动、分配制度改革的意见》，文件把深化国有企业内部人事、劳动、分配制度改革作为一个具体的工作任务和改革要求，并向全国国有企业提要求。党的十八届三中全会提出了"建立职业经理人制度，更好发挥企业家作用"的改革任务。2015年，中共中央、国务院印发的《关于深化国有企业改革的指导意见》进一步指出，推行职业经理人制度，实行内部培养和外部引进相结合，畅通现有经营管理者与职业经理人身份转换通道，董事会按市场化方法选聘和管理职业经理人，合理增加市场化选聘比例，加快建立退出机制。随着国务院国有企业改革领导小组办公室印发的《"双百企业"推行经理层成员任期制和契约化管理操作指引》和《"双百企业"推行职业经理人制度操作指引》，为"双百企业"率先全面推进经理层成员任期制和契约化管理、积极推行职业经理人制度提供了更加权威、系统、有针对性的政策指导。一系列政策文件共同构成了为全国国企系统所熟知的国企三项制度改革，其核心要求是在国企全面建立能进能出的用工制度，能上能下的人事制度，能增能减的分配制度。

2. 国企三项制度改革客观要求国企建立完备的绩效管理机制

国企三项制度改革的核心要求是在国企全面建立能进能出的用工制度，能上能下的人事制度，能增能减的分配制度。我们逐一分析就会发现，这几项制度的落地都要求建立完备的绩效管理机制。

（1）能进能出的用工制度对绩效管理制度的要求。

在国企用工制度方面，"能出"是困扰当前国企人事管理部门管理者的一大难题。自2008年《中华人民共和国劳动合同法》实施以来，国企管理者发现如果要解除员工劳动合同，即便是解除旷工、工作敷衍这样显然不合格的员工都会面临较大的法律风险。是劳动法不让解除劳动合同吗？非也。《劳动合同法》第四十条明确规定：有下列情形之一的，用人单位……可以解除劳动合同：

（一）劳动者患病或者非因工负伤，在规定的医疗期满后不能从事原工作，也不能从事由用人单位另行安排的工作的；

（二）劳动者不能胜任工作，经过培训或者调整工作岗位，仍不能胜任工作的；

……

由上可知，劳动法明确规定：企业可以辞退不胜任员工。实践中，绩效不达标是企业认定员工不胜任并辞退员工的常用理由，但如员工对处理结果不满，申请劳动争议或提起诉讼，企业只有在能够提供合法不胜任证明的情况下才能免于在劳动争议中陷入被动。司法认同的不胜任合法证明对企业管理实践有如下要求：一是要求企业合理制定各部门、各岗位绩效指标并具体阐明达标和不达标判断依据；二是要求企业制定绩效不达标认定为不胜任的具体要求，并以制度文件形式告知员工；三是对每位员工绩效完成情况进行常态化考核和评价，并将绩效结果告知员工；四是要求企业将不胜任结果书面通知员工；五是要求企业为初次认定不胜任的员工依据其能力调整工作岗位，再次认定不合格后方可辞退。以上要求缺一不可，客观要求国企必须建立完备的绩效管理体系。

（2）"能上能下"的人事制度对绩效管理制度的要求。

"能上能下"主要涉及企业管理者的聘用和解聘。企业是追求利润的经济组织，一般来讲，用人原则为"能者上，庸者下"。但何为"能"、何为"庸"、仍需绩效考核与评价予以界定区分。这就要求国企对每一个管理岗位设计明确的职责和绩效要求，建立常态化考评机制，制定任期内达标留任、不达标下台的管理制度并公示。规则公平公开，达标按规则来，不达标按规则办，决策者不得罪人，员工也心服口服，企业由"人治"自然转型为"法治"。如此，能上能下的人事制度也要求建立一套包括绩效指标制定、考核与评价、结果应用等在内的绩效管理体系。

（3）能增能减的分配制度对绩效管理制度的要求。

分配制度决定了每个员工能拿多少报酬。一般来讲，分配原则应遵循"奖优罚劣，奖勤罚懒"的原则。那么，问题来了，如何鉴别勤优？答案仍在绩效管理上。理由基本如上，不再赘述。

（二）完备的绩效管理制度体系构成

综上可知，国企要想有效推进绩效管理，实现绩效管理的"指挥棒""抓手""风向标"作用，必须进行周密的制度设计，并由具备管理技能的人员在支持绩效管理的组织中执行落地。从理论和实践来看，一套完备的绩效管理制度应为由绩效计划制定、绩效实施与辅导、绩效考核与反馈、绩效结果应用四步构成的 PDCA 循环提高系统。

1. 绩效计划制定

绩效计划指管理者和下属依据组织的战略规划和年度工作计划，通过绩效计划面谈，共同确定组织、部门以及个人的工作任务和绩效指标，并签订绩效目标协议的过程。其中，绩效指标设计是绩效管理最为基础和重要的部分，包括指标维度选择和权重设计两部分内容。如何科学设定各层级的考核指标是对管理者智慧的考验，其中最关键的是如何将各层级的考核指标与公司的战略方向和年度战略重点工作紧密结合起来，一般采取"自上而下、目标逐级解析"的方式。第一，从公司发展战略中解析出公司各年度发展目标，并将其作为公司年度绩效指标；第二，结合部门职责，从公司年度绩效指标中解析出部门绩效指标；第三，结合各岗位职责，从部门绩效指标中解析出岗位绩效指标。由此可知，绩效指标体系由公司战略、公司年度绩效指标体系、部门绩效指标体系和岗位绩效指标体系四部分构成。绩效考核指标向上支撑公司战略目标实现和经营业绩，向下指导员工工作，把员工工作目标和组织发展目标有机、完美地结合在一起，这是绩效管理的最大价值所在。

2. 绩效实施与辅导

绩效实施与辅导是指在绩效实施时，各级管理者要随时监督下一级部门或员工绩效指标的落实情况，对于发现的问题，管理者要指导和辅助员工分析问题成因，与员工一起寻找解决措施与方法落实绩效指标。绩效辅导让管理者了解员工在工作中遇到的问题，给予帮助并及时纠偏；使员工及时了解自己在工作中的不足，并及时采取措施予以改进；通过持续不断的沟通，可以使管理者和员工及时就计划的变动情况进行目标调整。绩效辅导特别强调管理者与员工共同参与，强调管理者与员工形成绩效伙伴关系。绩效辅导在整个绩效管理过程中处于中间环节，是耗时最长、对提升组织和员工绩效水平最关键的一个环节。

3. 绩效考核与反馈

绩效考核是指各级管理者对下级部门及员工在整个绩效周期的绩效表现及目标实现程度进行评价。绩效考核的关键是准确、客观，考核结果需要及时向员工反馈。绩效反馈重在沟通，一般通过面谈进行。绩效反馈的目的是让员工了解自己在本绩效周期内的业绩是否达到所定的目标，行为态度是否合格，让管理者和员工双方达成对评估结果的一致看法；双方共同探讨绩效未合格的原因，并制定绩效改进计划，同时管理者要向员工传达组织的期望，通过探讨最终形成一个绩效心理合约。

4. 绩效结果应用

绩效结果应用指组织通过对绩效优秀员工的奖励和绩效较差员工的惩罚实现引导激励员工行为、达成企业目标的过程。绩效结果没有得到相应的应用将致绩效管理流于形式，绩效结果的错误应用将致组织文化和价值导向出现背离。

绩效结果应用场景可以非常宽泛，最常见的是把绩效结果与晋升、职级调整、薪酬、奖金、股权等直接挂钩。从绩效管理实践要求来看，如下两种应用场景是绩效管理的核心要义，不可或缺：一是用于制定员工绩效改进计划，帮助员工分析问题，提升下一周期绩效；二是制定员工培训计划，针对绩效结果暴露的短板进行针对性培训，帮助员工快速成长。绩效结果的合理应用是保障整个绩效管理体系持续运行、组织绩效持续提升的基础，也是激发组织和员工活力的关键所在。

（三）国企三项制度改革对绩效管理体系的运行要求

若建成的绩效管理制度没有落地或选择性落地，国企绩效管理则难以达到提升国企竞争力的终极目标。建立现代企业制度是国有企业改革的方向，必须一以贯之。这就要求国企不仅要建成绩效管理制度，还要保障其长期稳定顺畅的运行。要使绩效管理顺畅运行，国企必须具备绩效管理体系的运营技能，要求企业打造重视绩效的组织文化，企业参与绩效管理的各级管理者必须具备足够的绩效管理技能。绩效管理技能水平高低一来取决于企业高层对绩效管理的重视程度；二来取决于人力资源管理部门，企业人力资源部门需要拥有系统全面的绩效管理知识、具备搭建绩效管理体系、指导其他业务部门执行绩效管理的能力。

三 聊城市国企绩效管理现状及存在的问题

（一）聊城市国企绩效管理现状

笔者经过调研、项目合作等途径与聊城市多家国企有过深入了解，拟从国企对绩效管理的认识、实践和运行成效三个方面呈现聊城市国企绩效管理的现状。

1. 绩效管理认知：绩效管理非常重要，期待建立规范的绩效管理体系

总体而言，国企领导和员工都认为必须进行绩效管理。笔者对两家本地大型国企做了有关绩效的问卷调查，结果显示，100%的国企领导者认为绩效管理非常必要，是激发企业活力和员工干劲的重要管理举措；94%以上的员工认为绩效管理非常有必要，奖优罚劣的绩效管理制度将激发更大的干劲儿。无论是国企领导者还是员工都认为绩效管理基本等同于绩效考核，两家公司的人力资源部部长和员工都认为绩效考核需要有指标，但都困惑如何制定合理的绩效考核指标。

2. 绩效管理实践：已建成粗略的绩效管理体系

（1）绩效指标设计：基本建立了集团和子公司级绩效指标体系，部分企业建立了岗位级绩效指标体系。

就全市国企来看，各公司基本建立了集团和子公司级绩效指标体系。例如，SW集团长期坚持与国家五年规划同步编制集团五年发展战略，每年初召开集团年度工作部署会议，与各支部签订党建工作责任书，与各部门、子公司签订年度经营责任书。例如，CR集团每年初召开工作会议，确立集团年度发展目标，各级干部签订集团党风廉洁建设责任书和安全生产目标责任书。

部分企业通过改革，完善了部门及岗位级绩效指标和考核评价体系。自国企改革三年行动启动以来，聊城市各国企纷纷响应号召，积极行动，如CJ集团在2021年中就基本完成了各项改革任务，其中包括制定从集团到子公司（各部门）再到岗位的逐级绩效指标，构建各子公司和部门的绩效考核指标库。出于改革启动的时间原因，尚有其他企业的部门及岗位绩效管理制度正在设计完善之中。

（2）绩效辅导基本是非常态管理要求（几乎所有企业都没有贯彻绩效辅导要求）。

通过座谈与调研，笔者了解到，无论是仅仅建立了集团、子公司级绩效指标体系的企业，还是已经建立了较完备的部门和岗位级绩效指标体系的企业，基本都没有落实常态化绩效辅导要求。绩效辅导往往是各级管理者个人管理风格的体现，有的管理者管得比较细致，要求事事有回音，会主动积极进行工作推进，帮助下属分析、解决问题；有的管理者对于自己比较关心的工作或事项，会经常性地过问下级相关工作的推进或落地情况，并对工作中的困难提出一些建议或帮助；有的管理者则因个人粗线条的管理风格或工作繁忙，会忽略绩效辅导。

（3）绩效考核手段多为主观评价，考核周期多为半年或季度考核。

绩效考核形式多为主观评价、客观评价相结合的方式。由于大部分公司并没有建立可考核的客观化岗位绩效指标，在对岗位人员进行考核时，多实行"个人述职+考评小组（多由上级主管或领导班子组成）打分"的方式进行绩效考核。具体而言，就是在季度或年度考核时，由被考核的个人根据自己本季度或本年度工作完成情况提交个人述职报告，以书面或当面演说的形式向考核小组汇报，由考核小组进行打分评价，但从对各级管理者和员工访谈的结果来看，此类评价手段可信度较低。在已经建立了客观量化绩效考核指标的公司，依据既定考核指标对员工绩效完成情况进行客观考核成为一种更容易的操作，是更具公信力的绩效考核方式。

绩效考核周期多为半年或季度。与民企多以月为绩效考核周期不同，国企多选择以半年为考核周期，个别企业选择季度为考核周期，管理层普遍认为月度考核周期太短、没有足够的精力和时间去组织。

（4）绩效考核结果应用多为评优或奖金发放。

国企绩效考核结果多体现在年终评优和奖金核算中，与其他可能的应用场景，如晋升、培训关联性较弱。

3. 聊城市国企绩效管理成效：有待提高

在与国企领导人和员工座谈时，多数人认为当前绩效管理还不完善，效果不理想，从制度设计到落地执行都需要完善提高，而人力资源管理部门的人员缺乏绩效管理的专业技能也是影响国企绩效管理成效的重要原因。

（二）聊城市国企绩效管理中存在的问题

1. 部分企业对绩效管理的认识不准确、 不全面

笔者通过调研、座谈发现部分企业领导和员工对绩效管理的认识不准确、不全面，主要表现为三个方面：一是将绩效和经营业绩混为一谈。由于业绩具有客观、量化、结果导向等特征，而绩效需要在过程中持续改进才能达成业绩目标，认识上的差异会导致对绩效改进过程的忽略。二是将绩效管理等同于绩效考核。笔者的座谈和相关调查结果都表明，许多的国企领导和员工认为绩效管理就是绩效考核，对绩效管理的片面认知令其不注重绩效指标设计，此举导致其在后续的绩效考核中只能对员工的绩效进行主观评价，降低了绩效考核的可靠性。三是认为绩效管理仅仅是人力资源部门的事情，未能在公司层面构建人人重视并全流程参与绩效管理的组织文化，无形中加大了人力资源部门推行绩效管理的难度。

2. 绩效指标设计方法不科学

绩效是为企业发展服务的，企业发展是以战略为导向的，由此，企业绩效指标设计应遵循从企业发展战略到企业年度发展目标，再到部门（子公司）和岗位的逐层分解逻辑；同时，为实现上下同心，力出一孔，各级绩效指标在制定时上下级应充分沟通。但部分企业绩效指标设定不科学：首先，表现为部分企业各级绩效指标制定与企业发展战略脱节，不能有效支撑企业战略实现，以致出现企业发展一般但各级绩效指标都良好完成的情形；其次，有些企业缺乏岗位层级的绩效考核指标；最后，部分企业各级绩效考核指标设定过程中缺乏上下级的充分沟通论证，以致出现绩效指标目标设置过高或过低、考核内容不全面、以定性指标为主或过分追求量化等问题。

3. 绩效考核手段偏主观评价，考核周期较长

经调查发现，当前聊城市国企绩效考核手段多以主观评价为主，定量评价较为缺乏；绩效考核周期多以半年度考核为主，仅有少数企业采用季度或年度考核制度。无论是半年度还是年度考核，周期都较长。从组织行为学与心理学的角度来看，考核执行人在对工作业绩进行考核时，会受到某些外界因素和心理因素影响，间隔时间越长，正面影响越弱，误导性干扰越强。考核周期过长，最容易受到的影响就是近因效应。近因效应是指最近或最后的印象往往是最强烈的，它可以冲淡在此之前产生的各种影响。管理者仅对员工近期的绩效或行为印象深刻，导致其会用一种不够全面、客观的眼光去评价员工早期或前期的总体绩效。

4. 绩效实施过程中绩效辅导较为匮乏

在聊城市国企绩效管理实践中，绩效辅导和反馈基本是缺位的。一个简单的认知是：绩效指标制定不等于员工的绩效计划必定能顺利完成。作为管理者，应及时掌握下属的工作进展情况，了解员工在工作中的表现和遇到的困难，及时发现并纠正偏差；同时，及时发现高绩效行为，总结、推广先进工作经验，使部门甚至整个组织所有员工的绩效都得到提高。若管理者没有在过程中给予员工充分的支持，这不仅是失职行为，同时会增加绩效不达标风险。

5. 绩效考核结果应用场景较为单一

当前，实施绩效管理的国企绩效结果应用场景主要表现为奖金分配、评优、工资晋级等当期激励，较少对不达标者采取培训等绩效管理跟进。

四　聊城市国企绩效管理的改进对策

1. 打造高绩效组织文化

良好的组织文化会对企业绩效产生强大的推动作用，能够带动员工树立与组织一致的目标，并在个人奋斗的过程中与企业目标保持步调一致；能为员工营造出一种积极的工作氛围，通过共享的价值观念和相应的管理机制，打造一个合适的鼓励积极创造的工作环境。要成功实施绩效考核和推进绩效管理制度，最大限度地发挥企业潜力，必须致力于建设一种与企业绩效管理制度相融合的高绩效企业文化。世界五百强企业的发展实践证明，高绩效组织文化一般具有制度公平透明、组织奖惩分明、员工参与度高、鼓励创新和承担责任、激励良性竞争、持续学习等特征。企业应把对员工的绩效管理当成一项系统工程来抓，全面管理员工绩效，建设高绩效的组织文化，唯有这样，企业才能将员工绩效管理落到实处，才能不断地提高员工绩效，以促进企业整体绩效的提升（付亚和、许玉林，2003）。

2. 构建全员参与绩效管理的观念

很多企业把绩效管理的全部工作和流程都交给人力资源部完成，殊不知，这正是导致绩效管理失败的重要原因。很多人力资源经理反映，绩效管理得罪人，推行阻力很大。绩效管理是从企业战略到业绩达成的系统工程，涉及各部门、各岗位的绩效指标设计、绩效辅导、绩效考核和绩效结果应用等多个业务部门日常管理的具体场景，要求从制度建设到落地执行必须由企业一把手主导，充分调动、协调各级管理者及员工参与绩效管理过程。缺乏企业高层的统一调度，仅由人力资源部独立完成系统化绩效管理工作是不可想象的。若由公司高层主导，发动全员参与，人力资源部负责制度策划、辅导业务部门执行落地，效果一定大不相同。

3. 改变绩效管理 = 绩效考核的片面认知，建构系统的绩效管理观念

完备的绩效管理流程由绩效指标设计到绩效结果应用多个环节构成，系统的绩效管理观念要求企业在进行部门和岗位绩效指标设计时，要站在支持战略发展的高度，通盘考虑部门、岗位绩效指标对战略发展的支持度；要求企业周而复始地贯彻绩效管理 PDCA 全流程，持续提升绩效水平；要求企业领导者动员各部门、各层级全员参与绩效管理。

4. 科学制定绩效考核指标

科学制定绩效考核指标要注意两个问题：一是合理确定指标来源。绩效考核指标来源一般有三个，分别是组织发展战略、部门和岗位职责、企业当前绩效管理的不足之处。二是注重沟通。在绩效指标制定时，管理者要和下级充分沟通，共同制定合理的评价指标，以求在绩效实施环节取得员工最大限度的认同和配合。

5. 注重绩效反馈与辅导

绩效反馈与辅导是管理者进行绩效管理，与员工进行沟通，提升团队或部门绩效的重要手段。绩效辅导一般通过面试进行，管理者可以根据实际情况定期（如每月或每周）或不定期（如突发状况或重大问题）召开一次绩效面谈，提出绩效差距和问题，分析问题成因和解决方法，听取员工诉求和需要的支持，实现绩效水平的持续提升。

6. 确定合理的绩效考核周期

当前，聊城市国企考核周期以半年度考核为主，也有少数企业采用季度或年度考核制。无论是半年度还是季度考核，时间都太长，影响评价结果的准确性。那么，到底周期多长才是合理的考核周期呢？在实践中，因企业和岗位差异较大，并没有固定统一的合理周期标准。一个企业如果岗位较多，岗位性质和工作内容异质性强，则考核周期不应采取一刀切的方式。科学正确的考核周期与被考核人的职位、从事的工作性质、信息化技术是否支撑考核数据提取、考核成本、考核结果应用等密切相关。一般来讲，被考核人的职位级别越高，考核周期相对越长，如季度考核、半年度考核、年度考核；被考核人工作的量化程度越高，工作结果呈现时间越短，考核周期越短。同时，考核周期的长短，还需要兼顾行业特征、企业发展阶段、管理成熟度等因素综合评估。总之，适合企业自身发展需要的周期，才是合适合理的设计。

7. 拓展绩效结果应用场景，注重绩效潜力挖掘

当前，聊城国企对绩效结果的应用主要表现为奖金核算、薪酬晋级、评优等当期激励。未来，对于绩效优秀者，及时进行经验总结和推广；对于绩效不达标者，采取有针对性的跟进培训，甚至调岗等措施，不断挖掘和提升员工和组织绩效水平。

第十七章 地方经济人才培训模式创新与
培训效果的提升路径

聊城大学聊城发展研究院是经济管理培训基地，为客户提供高端培训服务。研究院深入了解并准确把握企业家学员在企业发展运行中的实际需要，设立专题并与清华大学、浙江大学、南京大学等高校联合举办了系列研修班，进一步提升了企业家素质，拓展了企业家创新思维。研究院培训部和聊城大学商学院（质量学院）工商管理培训中心实行"两位一体"运行体系，培训部坚持聊城大学聊城发展研究院的核心价值理念：研究解决问题中的问题；坚持研究院"务实创新、执着追求、解决问题、团结和谐"的指导精神；以"面向需求，实现结合，勇于创新，服务发展"为工作宗旨；以聊城大学为平台，吸聚校内外的各种师资资源，发挥各种培训资源优势，坚持为企事业单位服务的理念，根据企事业单位的实际需求，以科学的培训体系、一流的师资力量、坚定的服务意识为各企事业单位提供专业化培训服务。

一 培训的重要性

人才是企业的第一资源，现代企业的竞争归根结底是人才的竞争，现在越来越多的企业已经认识到企业培训在企业发展中的重要作用。我国的经济发展进入新时代后，企业间的竞争越来越激烈，企业的管理由传统的外延式扩张转为内涵式发展，为适应这种转变，企业需要加强培训，进一步提升员工的综合素质，因此加强对员工的培训对企业具有重要意义。

（一）培训对企业的重要性

（1）企业对员工进行培训可以提高企业的竞争力。通过对员工进行培训，员工的认识问题能力、理解问题能力进一步增强，用所学理论知识解决实际问题的能力进一步提高，工作效率会有很大程度的提高，有利于提高企业的经营效率，提高企业的竞争力。

（2）企业对员工进行培训可以提升企业的凝聚力。企业对员工的培训可以把企业的战略目标与员工个人的发展目标统一起来，在满足员工个人发展的同时，能够调动员工的工作积极性，增强员工的凝聚力。

（3）员工培训是高回报的投资。诺贝尔经济学奖的获得者西奥多·W.舒尔茨（1990）通过研究得出这样的结论：人力资本投资的收益率超过物力资本投资的收益率，他认为人的素质的提高对社会经济增长所起的作用比资本和劳动的增加所起的作用要大得多，而人的知识才能基本上是投资的产物。基于这种理论，员工培训不是一种费用支出，而是一种投资支出，并且这种投资支出所产生的收益要远远多于其他投资。

（4）员工培训是解决问题的有效措施。对员工进行培训可以提高员工的素质，提升员工对问题的全面看法，帮助员工在工作遇到问题时，能够全面客观地分析问题，帮助企业化解一些内部的问题。

（二）培训对企业经营管理的重要性

（1）可以减少风险的发生。企业经营过程中存在各种风险因素，风险因素产生风险事故，从而导致风险损失。通过培训，员工能够认识到风险的危害，学会识别各类风险因素，避免风险事故的发生，减少风险损失，帮助企业降低损耗，节约费用支出。

（2）提高管理的效率。通过培训，管理人员的管理水平得到了提高，被管理者的理解能力、接受能力得到了提升，大大提高了企业管理的效率。

（3）提升研发创新能力。通过培训，员工能够获得最前沿的理论知识，培养团队合作意识，可以与授课的老师交流探讨有关问题，对员工的研发创新能力有很大的帮助。

（三）培训对员工的重要性

（1）培训能提升员工的素质。第一，培训能提升员工的理论素质，彼得·圣吉在《第五项修炼》中提出，未来最成功的企业将是学习型企业。员工的学习能力是第一能力，有计划的培训可以提高员工持续学习的能力，提升理论素质。第二，培训能提升员工的业务素质，企业培训是人力资源管理的关键环节。对于新入职员工，培训能使其快速适应新环境，熟悉业务；对于老员工，通过培训可以将自己的工作进行总结，在理论上得到提升，有利于进一步提升业务素质。

（2）培训能有效提高员工的工作绩效，调动员工的工作积极性。培训对员工来说也是一种激励手段，可以为企业各类员工提供学习和发展机会，丰富员工的专业知识，扩大员工的知识面，提高对问题的理解能力，提升业务技能，端正工作动机，改善员工的工作态度，积极引导员工行为服务于企业战略，取得更好的工作绩效。

（3）培训可以提高员工的满足感，增强对企业的忠诚度。企业通过培训向员工灌输企业的文化、价值观，员工在接受新知识、新技能的学习过程中，对企业的文化、价值观有全面的体会和深刻的理解，并且能够感受到来自管理者的关心和重视。通过培训，员工逐渐理解并接受企业的文化和价值观，提高工作满足度，增强对企业的忠诚度。

二　培训现状

从事培训的公司比较多，通过对培训公司的了解，目前培训公司进行的培训存在以下问题：

（一）缺少培训需求分析

按照目标导向原则，培训应该先明确企业的培训需求，这个培训需求可以由企业单方提出，培训方按照要求严格执行，也可以由双方根据企业的战略目标共同研究确定。目前，就培训公司来说，由于经济利益的影响，其对企业培训需求的重视不够，忽视了对企业培训需求的研究，培训目标与企业战略目标不能很好结合，员工个人的目标与企业的战略目标不一致，导致培训达不到预期的效果。

（二）培训课程设置缺乏系统性

培训课程的设置要根据培训目标进行综合考虑，而培训目标是要根据企业战略或者人力资源职能战略来设计的。培训方如果没有考虑或者认识到培训目标的作用，导致课程之间缺少关联性，课程的讲授对整个培训目标的实现不能形成合力，培训效果很难实现。

（三）培训方法单一

培训采用什么样的方法要根据课程的特点。授课教师需要在调查的基础上，根据学员的学情分析、课程分析、目标分析选择适合的方法。如果培训公司所聘任的授课教师缺少对企业、培训员工的调查分析，培训方法单一，课程、学员素质不适应，则会影响培训效果。

（四）培训的短视效应，缺少后续服务

短期培训的学员对所学的课程在短期内很难理解，在工作中还会遇到困难和问题。对于这些困难和问题，如何用所学的知识进行解决，应该在培训之后有一个后续的辅导，做到"扶上马，送一程"，但培训机构缺少相应的后续服务，影响了培训效果。

（五）缺少对培训效果的评估

培训机构在接受培训任务后，重视培训计划的制定，忽视培训结果的评估。培训的关键是要看培训的效果，由于缺乏对培训结果的评估，培训效果会大打折扣。

（六）学员学习积极性不足

目前，企业的一线职工文化程度较低，虽然工作经验较多，但对培训学习不重视，学习目标不明确，学习热情比较低，更重要的是企业没有将个人的培训学习与员工的绩效考核挂钩。

三　研究院培训部的做法

（一）先进的培训理念

培训简单地说就是培养+训练，通过培养和训练，使受训者能够掌握某种技能，学会某种方法，形成某种观念，达成某种共识。对在职员工进行培训是企事业单位（下文简称"单位"）一项投入少、人员素质提升快的人力资

源开发、利用工作，通过对企事业单位全体人员进行不同类别的培训，可以促进企事业单位员工及时获取有用的信息，更新知识结构，提高工作效率；可以帮助企事业单位依据单位战略下的人力资源战略，制定企事业单位的人力资源培训中长期计划，通过企事业单位人力资源培训计划可以展现企事业单位的实力，提升企事业单位的发展潜力、后劲；可以帮助企事业单位在保持单位人员数量稳定的同时，进一步优化人力资源的知识结构、技能水平，提高知识和技能更新换代的频率；可以培养员工对单位的认同感、归属感，提高对单位的忠诚度，提升员工的综合素质，提高企事业单位的管理效率。培训部经过多年的发展，已经建立起先进的培训理念，用先进的培训理念指导培训工作，起点高、效果好。

（二）完善的培训流程

培训的流程一般包括需求分析、培训设计、培训实施、培训评价。经过多年的培训实践，培训部建立了完善的培训流程。

（1）客户的需求分析。从三个层次对客户进行需求分析，一是采用 PEST 分析法对单位总体战略进行分析。培训是为单位实现总体战略服务的，分析单位的战略目标，明确单位未来的发展方向，了解未来对人才的需求，为单位未来的可能变化做准备，提前制定好培训规划。二是采用 SWOT 法对单位职能进行分析。主要分析各职能部门为实现单位战略目标，所需具备的本职能部门的知识、技能，分析其优势和劣势。三是采用问卷调查的方式对个体进行分析。分析对象是每一个员工个体，分析个体的知识和能力与其所在岗位和工作所需要的知识和能力之间的差距，明确存在的问题，在此基础上确定需要培训的人员和接受培训的内容。

（2）培训设计。明确受训人员，根据培训需求分析，确定单位的受训人员；调查受训人员的基本情况，结合单位的战略目标，确定培训的总目标；根据受训人员的工作特点安排培训时间，时间的安排要考虑单位工作计划，不能影响单位的正常工作，也不能影响受训人员的休息，避免产生抵触情绪，影响培训效果；讨论确定培训内容，培训内容需要由单位管理人员与培训部门共同研究确定；选择培训方式，根据不同课程的特点和受训人员的情况，选择合适的培训方式；做好培训费用预算，费用预算既要考虑培训支出，还要考虑单位的财务预算。

（3）培训实施。根据培训方案制定具体的培训计划，明确培训的时间、地点、课程名称、授课教师、受训人员；安排授课教师在课前对单位进行调研，了解单位的基本情况，授课内容要与企业的实际相结合；教师制定授课计划要进行学情调研，明确受训者的基本情况、知识掌握程度，根据学情分析制定培训大纲，让受训学员提前了解并提出反馈意见，授课教师进一步修改教学大纲，并制作教学课件，发给学员提前预习，了解授课内容；按照计划完成授课任务，授课教师要根据课程的特点选择授课方式，保证课堂的授课效果；授课教师根据单位的情况结合培训内容布置有关的课后题，检查培训的效果。

（4）培训评估。一是学员对授课教师的评价，对教师的授课内容、授课形式进行评价，对培训提出要求，保证每次的培训效果；二是教师对学员的评价，通过课上表现、课后作业、阶段考核，对学员的学习情况进行评价，找出学习中存在的问题，在后续辅导中进一步指导改进；三是对整个培训进行评价，分析总结培训目标是否实现，培训内容是否丰富，培训方法是否适合，将培训有关资料整理归档，方便学员的后续查询学习。

（三）一流的培训师资

培训部汇集了校内和校外的教师及行业专家，打造了培训师资专家库，构建了一支由教学名师领衔、校内校外专家学者共同组成的优秀师资团队。为保证培训效果，在教师选择上严格把关，要求参与培训的老师思想上必须热爱培训工作，具有一定理论水平，还要有一定的实践经验，教学方式要灵活多样，上课要热情，能调动学员的学习积极性。要求培训教师能为企事业单位提供系统全面的理论前沿知识讲解培训，帮助企事业单位将理论知识与单位的实践经验融合，进一步提高理论对实际工作的指导，帮助企事业单位相关制度的落地实施。

（四）灵活的培训计划

根据培训需求及培训单位的实际情况，在保证单位正常工作的基础上，制定灵活的培训计划；可以是短期集中培训，也可以是长期分散培训；可以是在单位现场教学，也可以是到学校半脱产教学。

（五）丰富的培训方式

为保证培训效果，提高培训质量。培训教师根据学员情况、课程特点，采取不同的培训方式，包括课堂讲授、现场教学、小组讨论、案例分析等。

（六）严格的培训质量管理体系

为保证每次培训质量，培训部建立了全面系统的培训质量管理体系。

（1）整个培训项目的质量管理体系。在培训前，对客户的培训需求进行分析，根据客户的需求设计培训方案，明确培训目标，设计培训课程，制定培训计划，选择培训教师。在培训中，组织授课教师到客户公司调研，全面了解客户的基本情况，进一步明确客户的培训目标。在每门课程讲授前，课程教师提前发放学情调查问卷，对学员基本情况、知识掌握程度、存在的问题进行调查，保证课程讲授有的放矢；提前给学员提供课件，要求学员提前对课程有所了解，发现问题，提高听课的效果；在课程授课中，根据课程的特点采用不同的授课形式，包括提问式、讨论式、案例分析式等，充分调动学员上课的积极性，提高课堂学习效率；课程结束后，根据课程的特点并结合公司的实际情况，布置适当的思考题，要求学员根据所学的知识结合自己的工作进行作答，教师对学员完成的作业进行批改，并将结果反馈给客户。在培训结束后，及时评价培训效果，总结培训经验，进一步提高培训效果。

（2）每门课程的质量管理保证体系。教师按照课程要求制作课件，充分准备课程知识，院内对课程内容、讲课形式进行审核，保证授课质量；培训部同客户方根据培训目标对上课内容、课件与授课教师进一步沟通，进一步完善课程教学内容；建立学员评价机制，每次课后安排学员对授课教师进行评价。培训的方法有：员工提交培训总结，通过培训有哪些收获，对自己的工作学习有什么帮助，对教师的授课提出合理的意见；随机挑选培训人员召开座谈会征求员工的意见；在不告知的前提下，检查员工行为的改进情况；撰写培训结果评估报告，总结培训经验，改正缺陷，进一步提升培训质量。

（七）强有力的培训支持

为保证培训质量，研究院为每期培训都提供全方位的支持，特别是在师资方面优先提供支持，专门组建小组研究讨论师资安排，根据课程要求优先选拔有经验、授课效果好的教师，并对教师的授课情况提前审核。在没有院内师资的情况下，挑选院外教师，保证授课效果。

四　取得的成绩

自培训中心成立以来，面向聊城市及聊城市以外的大中型企业组织过多期不同形式的培训，面向聊城市大中型企业组织过企业高层管理者培训班。

近几年主要完成以下培训任务：

（一）鲁西化工集团"处级干部培训班"

为落实鲁西化工集团坚定不移注重"以干部队伍建设为重点，以优秀的企业文化培养团队，持续打造优秀团队"的要求，成立"处级干部培训班"，培训的内容以习近平新时代中国特色社会主义思想为引领，主要包括集团发展史和企业文化，国际国内新形势及发展趋势，前沿政策和行业政策，管理知识和能力，专业知识和前沿技术等。

（二）鲁西化工集团"中青年干部培训班"

为落实鲁西化工集团"持续打造优秀团队，持续做好青年管理干部、高学历人才的培训培养"的要求，成立"中青年干部培训班"，培训内容以习近平新时代中国特色社会主义思想为引领，主要包括集团发展史和企业文化，管理知识和能力，专业知识和前沿技术等。

（三）聊城高新控股集团"高新控股大讲堂"

培训目的是提高聊城高新控股集团管理人员的管理水平；培训内容根据聊城高新控股集团发展需要以专题的形式灵活确定，在每期大讲堂举办前双方沟通协商具体的培训内容，并确定具体的培训题目，授课内容涉及企业融资问题，国企管理问题，人力资源管理问题，公文写作，国企数字化转型及风险管理等。

（四）聊城市国有企业领导后备干部培训

培训目标是有效提升国有企业中层管理人员的管理水平，不仅能够从行业角度、专业视角看经济社会，也能够从宏观角度把脉国际国内经济形势，还能够从政治角度洞悉国家产业政策，对标标杆企业，调整企业战略思维、管理路径，加强企业内部管理，协调企业各方面关系，促进企业更好发展。培训内容涉及党的十九届六中全会精神解读，企业全面绩效管理，企业高绩效团队打造，国企中高层管理理念变革与创新，聊城市国资国企"十四五"规划解读，工商管理模拟，东阿阿胶现场教学等。

（五）山东谷丰源生物科技集团中高层管理人员"MBA 班"

培训目标是提高集团中高层管理人员的管理素养和管理能力，为集团发展奠定坚实的人力资源基础，实现集团健康可持续发展。培训内容涉及企业战略管理，人力资源管理，贸易管理，市场营销，全面质量管理，财务管理，6S 现场管理等。

（六）山东金蔡伦集团中高层管理人员"MBA 班"

培训目标是提升集团中高层管理人员的管理素养和管理能力，为今后集团发展奠定坚实的人力资源基础。培训内容涉及企业战略管理，公共关系管理，企业文化建设，高效团队打造，时间管理，人力资源管理，财务管理，市场营销等。

五　发展规划

（一）充分认识培训对服务地方经济发展的意义

地方经济的发展离不开对人才的需求，人才可以引进，也可以自己培养。由于受到外部环境的影响，在引入外部人才比较困难的情况下，加强内部人才培育是不错的选择，通过对在职人员的培训，提高现有人员的知识水平，打造适合企业发展的人才队伍，避免人才流失，弥补人才不足的问题，对地方经济发展具有重大帮助。

（二）进一步做好企业培训需求分析

随着大智移云技术的推广和普及，企业所处的外部环境和内部环境都在发生变化，无论是企业还是企业的员工都应该适应变化的环境。有效的企业培训目标应是企业战略目标和员工职业生涯发展目标的良好结合，只有当企业培训目标同时满足企业和员工个人的发展时，才能发挥其推动企业经营发展的最大效用。因此，培训部要积极研究企业培训需求的变化，对企业的需求进行全面分析和研究，帮助企业做好对员工的培训。

（三）进一步提升培训效果

将培训与企事业单位的人力资源发展战略相结合，根据企事业单位人力资源发展规划研究制定培训方案，设计培训内容，更好地服务于企业的人才战略，提升培训效果。

（四）进一步完善院内外培训条件

改建了适合各种培训的校内多媒体教室，实现线下和线上同步培训学习。购入多种实验实习的软件，方便学员模拟练习。在院外建立了合作培训基地，将培训与单位团队建设结合，通过学习、看视频、组织活动进一步提升学习兴趣，提高培训效果。

参考文献

舒尔茨. 人力资本投资：教育和研究的作用［M］. 蒋斌，张蘅，译. 北京：商务印书馆，1990：18-70.

第十八章 融合共进推动六链建设 做强莘县蔬菜金字品牌

近年来，在聊城市委、市政府的正确领导下，莘县县委、县政府立足黄河下游农业资源禀赋突出的比较优势，把发展现代农业作为立县之本，不断深化农业供给侧结构性改革，全面实施乡村振兴战略，把莘县发展成为省部共同打造乡村振兴齐鲁样板示范县暨率先基本实现农业农村现代化试点县。莘县在取得成绩的同时，仍存在市场内生力量不强、制度创新张力不足等问题，需要进一步做强品牌。据此，莘县人民政府与聊城质量发展研究中心签订了《莘县农产品质量安全现状与发展对策研究》，重点围绕"十四五"时期做强"莘县蔬菜"金字品牌的目标，聚焦质量链、供应链、产业链、创新链、生态链和价值链建设，提出初步建议。本章内容是该课题研究的阶段性成果之一，并获得了省市领导的签批。

一 升级质量链，提升质量监管效能

质量安全是农产品质量竞争的基础和生命线，必须持之以恒地推进严格的质量安全管理工作，确保主要农产品质量安全监测合格率保持在99.5%以上，禁限用农药检测合格率达到100%。

强化标准引领，建立"莘县蔬菜"相关农产品行业标准、团体标准和企业标准，积极争当瓜菜菌农产品标准引领者。大力推动标准化建设、标准化生产管理和标准化认证，试行食用农产品合格证管理制度，完善质量追溯体系。未来，建设更多具有示范意义的标准化蔬菜基地，农产品标准化生产水平显著提升。

完善数字化质量监管体系，提升质量安全监管效率。数字化监管具有在线、实时、可视化等特征，大大提升了质量安全监管效率，是现代质量安全管理的新趋向、新手段。建议在现有农产品质量安全管理和可追溯系统的基础上，进一步加强农产品质量大数据中心硬件建设，加强蔬菜全生命周期质量安全监管数据管理。

二　畅通供应链，完善基础设施建设

供应链畅通是农产品质量价值实现和竞争力彰显的基础。建议聊城市支持莘县在现有基础上，以中原农产品物流中心为基础，推进中心镇标准化物流园建设，构造莘县农产品标准化供应链网络，打造农产品物流园。加强冷链物流设施建设，加快推进农产品仓储保鲜冷链物流设施重点建设工程，加快布局田间地头果蔬冷库设施网络，健全地头市场。

加快供应链数字化进程，建设农产品产供销一体化大数据平台，提升莘县农产品物流、商业流、信息流、资金流数字化水平。充分利用区域全面经济伙伴关系（RCEP）赋予的战略机遇，设置国际蔬菜销售价格指数，逐步在全世界农产品销售体系中掌握一定的价格话语权。加快农产品供销平台大数据建设，加强农产品供销平台大数据与质量监管数据的衔接，充分整合利用数据反馈决策系统，积极探索反馈价格最佳、质量最佳的种植环境、管理方式和经营模式。

三　健全产业链，推进一二三产业深度融合

健全的产业链是构建以国内大循环为主体、国内国际双循环相互促进的新发展格局的产业基础，产业链不健全就可能在部分环节被卡脖子，失去发展先机，难以在价值链上占领高地。

加快打造出具有一定竞争优势的"鲁西种苗谷"，让聊城市育种业在世界农产品育种黄金产业中占有一席之地。建议聊城市支持莘县出台农产品种业扶持政策，设立一定的专项发展基金，引导社会资金进入，推进"育繁推"一体化。

延伸农业产业链，全面推进一二三产业深度融合。大力发展绿色、有机、地理标志农产品生产，加快发展农产品精深加工、保鲜贮藏、品牌营销和物流配送。充分利用农业资源优势，加大招商引资、招才引智力度。在引进青

岛波尼亚、浙江华统、华莱士等企业的基础上，继续引进省级以上农业产业化重点龙头企业，激发莘县一二三产融合发展的竞争活力。完善"互联网+"农产品营销方案，充分利用各大电商平台、直播营销等线上销售渠道，打造具有国内较强影响力的"互联网+农产品+加工"新业态。

大力打造现代农业产业园集群。在整体推进莘县国家农业科技园区、省级现代农业产业园建设的基础上，强化现代技术与装备集成应用，推动国家级现代农业产业强镇建设。加快建设市级以上现代农业产业园，推动农产品加工转化率得到显著提升。"种好菜园子，当好大厨房"，成功创建国家级现代农业产业园。

四 部署创新链，提升农业科技含量

莘县农业围绕产业链部署创新链，就是要对中高端的育种育苗、土壤改良、科学栽培、销售加工服务环节进行科技攻关，掌握中高端环节的核心和关键技术，推动市场、商业模式和组织创新。

强化技术引进消化吸收工作，加快建设科技研发示范推广一体化、数字化基地，形成具有地域特色的农业科技创新模式。搭建"顶天立地、上天入地"的农业科技研发推广体系，建议成立莘县农业科技学院（大专）或莘县农业职业学校（中专），以及众多的地头学校。继续吸引各级科研院所在莘县建立研究基地，特别是要加强与国字号农业科研院所的实质性合作交流。打造莘县农业科技示范基地，建设鲁西综合性农业科技试验示范推广基地。

强化组织建设和创新。加强基层党组织建设，通过增强基层党组织领导力、组织力、执行力，促进经济组织建设和创新。狠抓专业合作社建设，成立专业合作社联合社，增强合作社内部及合作社之间的联系，促进小农户和现代农业发展的有机衔接。持续开展农民专业合作社规范提升行动、家庭农场培育行动，健全农业社会化服务体系。推动农业产业化龙头企业、"新六产"示范企业、农产品加工示范企业等发展壮大。

五 优化生态链，发展智慧绿色农业

生态链是质量链、供应链、产业链、创新链和价值链循环发展、绿色发展所依赖并造就的有机的生态环境和自然条件。习近平总书记在中央农村工作会议上指出，要加强农村生态文明建设，保持战略定力，以钉钉子精神推进农业面源污染防治。这为优化生态链、发展绿色循环农业提出了新要求，建议制定"十四五"绿色农业发展专项规划，做好省级农业绿色发展先行区创建工作。

加强农业废弃物治理，全面提升农业废弃物资源化利用率，形成绿色循环、闭环完整的全农业产业链。建议将农业废弃物治理作为农村人居环境整治的一项重点任务，加大畜禽养殖污染治理、秸秆综合利用、农膜回收利用、农药包装废弃物回收力度，全面提升农业废弃物资源化利用率。

改良升级智慧农业设施，发展智慧绿色有机循环农业。积极推广物联网、区块链、人工智能等现代信息技术，培育农业科技型企业和智慧农业应用基地。进一步推广智能水肥一体化等现代农业技术，推进农业设施现代化，提升设施农业节水节能节药效能。开展有机肥替代部分化肥专项行动，引导农民利用畜禽粪污和秸秆制造生产有机肥，有机肥还田利用，形成种养循环一体化农业模式。

六　提升价值链，加大品牌建设力度

价值链提升是提高农产品质量竞争力的目标和方向。农产品附加值提升一方面靠苦练内功，提高产品品质；另一方面主要通过品牌建设提高消费者黏性和忠诚度，不断扩大市场影响力。

在推进"聊·胜一筹！"区域公共品牌互动发展的同时，建立企业品牌建设奖励机制，增强品牌建设内生力量。"十四五"时期，莘县农产品品牌建设的着力点为，在坚持打造区域公共品牌、扩大影响力的同时，加大企业品牌建设支持力度，推动农产品重点企业上市，形成企业品牌与农产品区域公共品牌互动发展的良好格局。

创新品牌宣传方式，拓展数字宣传渠道。创新电商品牌营销模式，支持农产品企业电商发展。加强农产品文化与品牌建设。积极推广观光游览、采摘休闲、科技教育等综合文化旅游模式，以新业态、新模式推介"莘县蔬菜"金字品牌。基于区域蔬菜供给竞争压力趋紧的发展形势，建议"十四五"时期在进一步融入"聊·胜一筹！"区域品牌的同时，继续打造山东蔬菜"东有寿光，西有莘县"名片。

另外，营造良好的营商环境，使莘县成为人才、投资、工商活力迸射的沃土。建议学习南方先进县市，勇于探索，积极变革，主动谋划，营造良好的营商环境。一是进一步解放思想，弘扬企业家精神。二是加大双招双引力度。既要开通"绿色通道"引得来人才，又要真心真意留得住人才。三是构建亲清新型政商关系，打造市场化、法治化的优良环境。在此基础上，企业以恒心办恒业，为莘县产业基础高级化、供应链产业链现代化积蓄内生的基本力量。

建议聊城市出台乡村振兴齐鲁样板示范县暨率先基本实现农业农村现代化试点县扶持政策，带动全市的农产品质量链、供应链、产业链、创新链、生态链和价值链建设，用产业振兴与发展来支撑乡村振兴，为全市、全省和全国树立典型。